東アジア平和共同体の構築と国際社会の役割

「IPCR国際セミナー」からの提言

世界宗教者平和会議日本委員会 編

眞田芳憲 監修

アーユスの森新書

003

はじめに

財団法人世界宗教者平和会議日本委員会
平和研究所所長　眞田芳憲

一

　先ず冒頭に、本書の公刊の企画にたずさわり、編集そして監訳・監修の責任を担った者として、本書が誕生するまでの経緯について概観しておきたいと思う。

　二〇一〇年八月二四日―二七日、韓国ソウルのオリンピックパークテルで、韓国社会法人「宗教平和国際事業団」（International Peace Corps of Religions：ＩＰＣＲ）の主催の下、韓国文化体育観光部（省）・アジア宗教者平和会議（Asian Conference of Religions for Peace：ＡＣＲＰ）・韓国宗教人平和委員会（Korean Conference of Religions for Peace：ＫＣＲＰ）の後援を受け、「東アジア平和共同体の構築と国際社会の役割」を統一テーマとする「ＩＰＣＲ国際セミナー」が開催された。

この国際セミナー開催の趣旨は、日韓強制併合一〇〇年の年を迎え、東アジア諸国が過去の紛争から惹き起こされた歴史の傷をいかに治癒し、未来をいかに切り開いていくか、東アジアにおいてヨーロッパ連合（ＥＵ）のような東アジア共同体の構築の可能性とその現実的課題、東アジアの平和と東アジア共同体における韓国の役割と国連をはじめとする国際社会の役割などの個別テーマをめぐって、各国の参加者からの報告に基づいて討議を行なうというものであった。

この国際セミナーには、主催国韓国から一五名、日本から九名、中国から七名、インドネシアから一名、国際機関から三名の、宗教界・学界・政界・市民社会団体の代表および各国のオブザーバーが多数参加した。各国の参加代表者には、事前にそれぞれ個別テーマについて母国語と英語による四〇〇〇字程度のペーパーの提出が要請されていた。

本国際セミナーの総合統一テーマは「東アジア平和共同体の構築と国際社会の役割」であるが、副テーマとしてさらに次の三つの個別テーマが用意されていた。

①過去の葛藤はいかに克服すべきか
②東アジアの平和共同体の構築と国際社会の役割
③朝鮮半島の平和と東アジア共同体

本セミナーの運営は、この三つの個別テーマに従って三つのセッションに分かれ、それぞれのセッションに所属する者が、参加者全員が参集するフォーラムの場で逐次、報告を行ない、討論を行なうという形式で進められた。

第一日目（八月二四日）　参加者の登録と受付の手続を経た後、主催者による歓迎夕食会で交歓、古い友人とは再会を喜び合うとともに旧交をあたため、新しい友人とは相互理解と友情を深めるなどの有意義な時の恵みを享受した。

第二日目（八月二五日）　開会式の後、全体会議において主催者側を代表してIPCR代表で、ACRP事務総長でもあり、かつ韓国国会議員である金星坤博士より、基調発題として「「東アジア平和共同体」の構築と国際社会の役割」と題する基調講演が行なわれた。それに続いて、第一セッションが次のような形で進められた。

第一セッション「過去の葛藤はいかに克服すべきか」

議長　眞田芳憲教授（日本）

主題発表

高峰師（中国）「歴史を鏡に、平和を愛し、ともに未来を切り開こう」

報告発表

厳海玉教授（中国）「東アジア各国の二重国籍の歴史から見る衝突から緩和」

呉尚烈師（韓国）「東アジアにおける過去の紛争をどう克服すべきか」

金忠環議員（韓国）「韓・中・日三国間における過去の紛争をいかに克服すべきか」
松井ケテイ教授（日本）「東アジアにおける過去の傷跡をどう癒すか」
杜文堂教授（中国）「多様性の中の調和と共生」
金容煥教授（韓国）「韓日における過去の歴史を清算するための媒介方策」
華夏副教授（中国）「歴史を鏡とし、未来を志向する――歴史における多年の怨恨を克服するために」
山崎龍明教授（日本）「心の傷を癒すために、新たなる発足を」
金承国博士（韓国）「韓日の過去の歴史における紛争を根本的に解決する道」

続いて、午後、第二セッションが次のように行なわれた。

第二セッション「東アジアの平和共同体の構築と国際社会の役割」
議長　ヴェセリン・ポポフスキー博士（国連）
主題発表
伊藤成彦教授（日本）「東アジア平和共同体の建設と国際社会の役割」
報告発表
眞田芳憲教授（日本）「東アジア共同体の樹立と国際社会の役割」

衛元琪師（中国）「対話・協力の強化と東アジアの平和」

元恵榮議員（韓国）「国益よりは人類共栄の利益を優先することの認識とその必要性」

近藤昭一議員（日本）「政権交代と東アジア共同体」

犬塚直史前議員（日本）「東アジア共同体への道程――国連憲章第八章に基づく地域安全保障機構の創設をめざして」

クリス・ライス博士（米国）「平和共同体の構築――国際舞台からの教訓と実践」

林炯眞教授（韓国）「東アジア平和共同体の建設と国際社会の役割」

李光熙教授（韓国）「東アジア平和共同体の建設と国際社会の役割」

井手弘人准教授（日本）「対話――「東アジアの平和教育」へと前進するために」

杉野恭一師（世界宗教者平和会議国際委員会）「共有される安全保障と日中韓協力を基軸とした東アジア共同体――諸宗教協力の役割」

李在永師（韓国）「「東北アジア地域の平和教育・訓練機関」（ＮＡＲＰＩ）の設立の必要性と機能」

アブドゥル・ムクティ博士（インドネシア）（口頭による発表のみで、報告ペーパーは未提出。）

第三日目（八月二六日）　午前、第三セッションが次のように行なわれた。

第三セッション「朝鮮半島の平和と東アジア共同体」

議長　華夏副教授（中国）

主題発表
　李泰永教授（韓国）「朝鮮半島の平和と東アジア共同体の建設」

報告発表
　馬英林師（中国）「平和を実現する人たちは幸いである」

　田中庸仁師（日本）「朝鮮半島の平和と東アジア共同体」

　妙藏師（韓国）「朝鮮半島の平和と東アジア平和共同体の建設」

　崔宰誠議員（韓国）「朝鮮半島の平和と東アジア共同体の実現のための実践的戦略――代案を中心に」

　曺敏博士（韓国）「朝鮮半島の平和と東アジア共同体」

　李道剛教授（中国）「東アジアの平和の過程とヨーロッパ統合の啓示」

　李贊洙教授（韓国）「「地球化」と「東アジア化」、その限界と可能性」

　山本俊正教授（日本）「朝鮮半島の平和と東アジア共同体」

　李相俊師（韓国）「朝鮮半島の平和と東アジア平和共同体の構築」

午後、全体会議が再開され、参加者全員による「総括」のための討議が行なわれた。それが終了すると、閉会式に移り、三日間にわたる意義深い本国際セミナーは閉幕となった。

本書は、本国際セミナーでの基調講演および各セッションで発表された報告をすべて本セミナーの進行の流れに従い整序し、編集したものである。ただし、インドネシアのアブドゥル・ムクティ博士の報告については、事前のペーパーの提出がなく、当日のセッションでは口頭による報告にとどまったこと、また本セミナー終了後、ＩＰＣＲ事務局を通して再度ペーパーの提出を要請したが、博士の回答の確認が得られなかったことなどから、ムクティ博士の報告は割愛せざるを得なかった。

ところで、言うまでもなく、いかなる会議であっても重要なことは、その会議において参加者が何を語り合い、何を理解し、何について意見の一致をみ、何について一致をみず、争点として残されたか、そしてそれらの点についていかなる共通認識を持つにいたったか、さらにまた、何が将来の課題として残されたか、などの問題について共通の理解と認識を共有したかどうかにある。その意味において、参加者の提出したペーパーによる報告と、その報告をめぐっての討論が重要な意味を持つことは言うまでもない。しかし、本書出版の企画も、本セミナーの終了後に決定されたということから生ずる諸般の事情から、各セッションでの討論の内容を本書に掲載するまでにはいたらなかった。この問題は、今後の課題となろう。

二

本セミナーの参加者は、すでに述べたように、主催国である韓国、日本、中国、インドネシアおよび国際機関からの代表者であった。当初、統一テーマの趣旨から主催国韓国の宿願とも言うべき朝鮮民主主義人民共和国（北朝鮮）からの参加が当然視され、その宿願の実現に向かって想定され得る最大限の努力がなされたにもかかわらず、その実現を見るにはいたらなかった。本セミナー開催前の三月二六日に発生した、韓国軍哨戒艦「天安」沈没事件、さらには本セミナー終了後に発生した一一月二三日の延坪島砲撃事件などが象徴的に物語るように、朝鮮半島をめぐる政治的・軍事的障壁は依然としてあまりにも阻峻にして、冷厳かつ苛酷を極め、時機いまだ熟さず、北朝鮮の参加は遂に断念するの止むなきにいたった。まことに不幸にして、無念としか言いようがない。しかし、本セミナーにおいては、今後とも北朝鮮からの参加を可能にする条件整備に向けて最大限の努力が続けられていくであろう。

幸いにして、北朝鮮に対して厳しい姿勢を取り続ける韓国の現李明博政権であっても、李大統領自身が統一問題に関する会議で「沈没事件と砲撃事件で不安定な情勢となったが、我々はそれに足を取られているわけにはいかない。対話と協力の道に進まねばならない」（『毎日新聞』二〇一一年七月七日）と発言していることは、極めて歓迎すべきことと言わねばならない。南北朝鮮の統一問題が将来、いかなる形で解決されるにせよ、この問題が解決されない限り、東アジア共同体の樹立は不可能である。

南北朝鮮の統合問題の第一次的根源が一九一〇年の「日韓強制併合」にあることは、何ぴとも疑い得ない厳然たる歴史的事実である。私たち日本人は、他民族に対する侵略、殺戮、略奪、支配、そして究極的には奪国による植民化という過去の歴史から目を逸らすことは許されない。本セミナーの韓国および中国の参加者が、異口同音、この問題に鋭い分析のメスを突きつけていることに、私たちは誠実に耳を傾け、率直に反省しなければならない。「平和国家」としての日本国の出発を誓った『日本国憲法』は、その「前文」において次のように宣明している。

「日本国民は、恒久の平和を念願し、人間相互の関係を支配する崇高な理想を深く自覚するのであつて、平和を愛する諸国民の公正と信義に信頼して、われらの安全と生存を保持しようと決意した。われらは、平和を維持し、専制と隷従、圧迫と偏狭を地上から永遠に除去しようと努めてゐる国際社会において、名誉ある地位を占めたいと思ふ。……（中略）……日本国民は、国家の名誉にかけ、全力をあげてこの崇高な理想と目的を達成することを誓ふ。」

この憲法前文に謳われているように、私たち日本人が東アジアという「国際社会において、名誉ある地位を占めたいと思ふ」ならば、私たちは韓国や北朝鮮、および中国をはじめとするアジア諸国に対する過去の歴史の悲劇を清算しなければならない。過去の歴史の清算ぬきにして、過去の紛争の治癒も未来志向の和解もあり得ない。過去の歴史の清算は、過去の真実を明らかにし、過去を治癒し、未来志向に向かって相互和解の道を切り開く方策と不離不可分の関係にある。真に過去の傷の歴史を清算してこそ、私たちは日本人は「国際社会において名誉ある地位を占める」に値する国民として、アジアの人びとをはじめ、世界の人びとから信頼されることになるのである。

今回のＩＰＣＲ国際セミナーが幕を閉じて一カ月後の九月二六日・二七日、世界宗教者平和会議（World Conference of Religions for Peace：ＷＣＲＰ）は、創設四〇周年を寿《ことほ》ぐ記念行事を迎えた。ＷＣＲＰ日本委員会は、本年二〇一〇年が「平城遷都一三〇〇年記念」の年であることに鑑み、宗教をはじめ多様な叡智と文化が陸と海から伝えられたシルクロードの終着の地、奈良において日本の精神である「大いなる平和・調和」（大和）を見直し、世界のあらゆる場所が「まほろば」となることを願って、「世界を〝まほろば〟に——シルクロード終着の地、日本から発信する」をテーマとして、世界の一五カ国の宗教指導者の参加の下に各種多様な記念事業を行なった。「世界宗教者まほろば大会」は、まさしくこれらの記念事業の中で中心的な眼目をなすものであった。

因みに、WCRPの組織は、グローバルのレベルで一つの世界諸宗教指導者評議会、地域レベルで、アジア・ヨーロッパ・アフリカ・ラテンアメリカ・中東・北アフリカ等にそれぞれ「地域諸宗教指導者評議会」、国内レベルでは各国に「国内諸宗教指導者評議会」、そして各国の地方レベルで「地方諸宗教指導者評議会」が組織され、それぞれ緊密なネットワークによって結ばれている。本国際セミナーを後援したACRPは、アジアの地域レベルの宗教コミュニティであり、KCRPやWCRP日本委員会は、ともに国内レベルでのWCRPの姉妹組織ということになる。

WCRP創設四〇周年記念事業がその一翼を担った「平城遷都一三〇〇年記念事業」（社団法人平城遷都一三〇〇年記念事業協会主催）の基本的構想は、宗教・文化・歴史・教育・政治・経済・金融・マスメディア・環境・観光等の各分野から一三〇〇年間にわたる日本と東アジアの交流の歴史を振り返り、東アジア特有のダイナミズムの源泉である多様性の中で、いかにして共有可能な普遍的価値観や方法を見直し、いかにして多文化共生・共創型の「東アジア像」、あるいは「東アジア共同体像」を構築するか、そのためのコンセプトや方法を提案するものであった。ＷＣＲＰ日本委員会は、創設四〇周年記念事業の一環として「平城遷都一三〇〇年記念事業」に参画することによって、ＩＰＣＲの「東アジア平和共同体の構築と国際社会の役割」と基調を等しくする「東アジア共同体」の構築に向かって「共創」の第一歩を踏み出したと言えるであろう。

「世界宗教者まほろば大会」において採択された「まほろば宣言」に次の一節がある。

「また、東アジア青年宗教者会談が意義深い声明文を発表したことも高く評価しなければならない。この会議には、不幸にして、現在の国際政治の中で、中華人民共和国と朝鮮民主主義人民共和国の青年の参加が不可能になった。それにもかかわらず、青年宗教指導者は「我々の地域における核武装化、軍事化、領土に関する論争や紛争、道徳的退廃、自然環境の悪化にもはや耐えることはできない。謙虚さと祈りの力をもって青年はそれらの課題に取り組み、北東アジアの共有される安全保障のために主導的な役割を担うべきであると確信する。」と誓い合ったことは、青年らしい平和への希求と勇気を示すものであり、まことに賞賛に値するものである。」

現在、日本・中国・韓国は、三国相互の間でそれぞれ厳しい政治的問題を抱えている。そうした時期であるからこそ、私たちには文化交流や宗教対話・宗教協力などを推進する草の根レベルでの出会い、語り合い、そして相互の理解による活動の場が求められているのである。私たちは、過去の歴史において友好と紛争、平和と戦争の中で生き抜いてきた祖先に学び、歴史の負の遺産を清算し、偏狭なナショナリズムを乗り越え、宗教的な寛容の心で平和で創造的調和を共有する東アジア共同体の構築に向かって共働していかねばならない。今回のＩＰＣＲの国際セミナーやＷＣＲＰ四〇周年記念事業、そして「平城遷都一三〇〇年記念事業」もそのことの重要性を私たちに教え示しているのである。

三

本書の公刊にあたっては、実に多くの方々のご協力とご支援、そして多くのご教示をいただいた。

第一に、金星坤博士の友愛に溢れたご理解とご支援、そしてＩＰＣＲの尊敬すべき友人たちの温かいご協力に深甚の敬意と謝意を表しなければならない。とりわけ、著作権にかかわる困難な問題は金博士のご尽力によりすべて解決の道が切り開かれたことをここに特記し、重ねて謝意を表するものである。

それとともに、本書出版の企画について金博士やIPCRの事務局の方々と交渉の労をとり、出版業務の遂行に万全の態勢を整えてくれたWCRP日本委員会事務次長畠山友利氏、同じく渉外部長和田めぐみ氏にはその多大な努力に心より感謝申し上げなければならない。

第二に、参加者の報告ペーパーの翻訳についても多くの方々の労を煩わした。韓国語については、本セミナーの運営について瞠目すべき活躍をされ、セミナーの成功に多大な貢献をされた中国山東大学副教授の金永完氏に、中国語については、本セミナーに参加された私の畏友、華夏副教授の夫人である中国政法大学副教授崔延花氏に、そして英語については、終始、私の秘書的役割をつとめてくれたWCRP日本委員会事務局の三善恭子氏にそれぞれ翻訳業務を依頼した。また、中国語による報告について日本語訳が提出されているもの（李道剛教授報告）については、そのまま掲載することにした。

これらの諸氏は、それぞれ繁忙な日常業務の中にあって、短期間での翻訳作業を強いられたにもかかわらず、力を惜しむことなく誠実に私の依頼に協力し、本書出版の大きな力となってくれた。これらの方々の協働作業は、いみじくも本セミナーの統一テーマである「東アジア平和共同体の構築と国際社会の役割」の実践の場となった。翻訳の労をとって下さった諸氏の本テーマに寄せる高潔な情熱と温かい友情に心より敬意と謝意を表したいと思う。

第三に、翻訳をはじめ、本書編集上の諸事項について監修の責任を負った者として若干の所見を申し述べておきたい。

1　韓国語・中国語・英語から邦訳された日本語文については、最終的に私が目を通し、日本語としての正確性や的確性を検討・精査し、私の責任において翻訳業務を完成させた。翻訳についての一切の責任は、監訳・監修者である私にあることを特に明記しておきたい。

2　それぞれの国の参加者のペーパーには、「です・ます」体（敬体）のものもあれば、「である」体（常体）のものもあり、文体の統一の是非についての問題が生じた。前述の翻訳協力者と協議した上、常体のペーパーが圧倒的に多数であったことから、常体に統一することにした。敬体のペーパーを提出された参加者の方々には寛大なご理解と寛恕の友情を心より切望してやまない。

3　参加者の報告に用いられた用語、例えば「北韓」「南韓」、「南朝鮮」「韓半島」等の地政学的用語には、周知のように、政治的にも文化的にも複雑な民族感情や国民感情が秘められており、翻訳において慎重な考慮を要する問題である。本書では、こうした問題意識を自覚しつつ、日本での一般的な慣用に従うことにした。すなわち、「朝鮮民主主義人民共和国」は「北朝鮮」、「大韓民国」は「韓国」と称することにした。また、「北韓」は「北朝鮮」、「南韓」は「韓国」とし、「南北韓」は「南北朝鮮」、さらにまた「韓半島」は「朝鮮半島」という訳語を用いることにした。

4　参加者の報告には、本セミナーの統一テーマ「東アジア平和共同体の構築と国際社会の役割」に即応して「東アジア」という用語を用いているものもあれば、それ以外に「東北アジア」とか、「北東アジア」といった用語を用いているものもある。本書では、これらの地政学的用語はそれぞれ固有の文脈の中で用いられているものと判断し、あえて用語の統一を図ることは避け、報告者の用語を尊重することにした。

最後に、校閲に際しての資料の収集や編集作業の様々な面で、中央学術研究所次長藤田浩一郎氏、ならびに佼成出版社出版開発編集の編集長平本享也氏および課員の大室英暁氏に数々のご協力とご教示をいただいた。これらの方々をはじめ、お力添えをいただいたすべての方々に心からお礼を申し上げ、感謝の念を捧げるものである。

二〇一一年七月

東アジア平和共同体の構築と国際社会の役割——目次

第二セッション　東アジアの平和共同体の構築と国際社会の役割

第三セッション　朝鮮半島の平和と東アジア共同体

基調講演
「東アジア平和共同体」の構築と国際社会の役割

「東アジア平和共同体」の構築と国際社会の役割

金　星坤

今年（二〇一〇年）は、韓国が日本によって強制的に併合されて一〇〇年になる年である。韓国では、一九一〇年八月二九日を「庚戌国恥日」と呼んでいる。韓国宗教人平和委員会（KCRP）の傘下にある「宗教平和国際事業団」（IPCR）は、「庚戌国恥」一〇〇年を記念して、「東アジア平和共同体の建設と国際社会の役割」というタイトルでセミナーを開催することにした。

東アジアの国、韓国・中国・日本の三国は、長い間、共通の漢字文化圏にあって、時には戦火を交え、時には交誼友好を深め、愛憎の関係を維持してきた。太平洋戦争以降、中国が開放されるまでは、朝鮮半島を中心に冷戦関係が保たれていたが、現在は、韓・中・日の三国は、南北朝鮮関係を除き、おおむね平和な協力関係を維持しており、経済的にも一つの重要な軸を形成している。最近、韓・中・日三国の間では、ヨーロッパにおけるヨーロッパ連合（EU）のような政治的・経済的な共同体をつくらなければならないという主張が数多く提起されているが、筆者はこれを「東アジア平和共同体」（East Asian Community）と呼ぶことにする。

しかし、東アジア平和共同体を成立させるには、乗り越えるべき山が極めて多い。ヨーロッパに比べて、東北アジアの三国間では不幸な過去の歴史に対する清算がいまだに完全に行なわれておらず、北朝鮮の核問題をめぐる南北朝鮮および周辺諸国の対立のため、東北アジア平和共同体の建設は難航している。はたして東北アジア三国は、いかにして過去の傷を癒し、いかにして共生と協力の平和共同体を建設すべきなのであろうか。

一　東北アジアの略史

筆者のいう「東アジア」とは、おおよそ中国、朝鮮半島（韓国と北朝鮮）、そして日本を指す。また、この地域は、時には「東北アジア」と呼ばれることもある。韓・中・日三国は、二〇〇〇年以上にわたり漢字、および儒教・仏教・道教という宗教文化を共有する共同の文化圏にあり、俗に中国文化圏または漢字文化圏とも称されている。地理的には、モンゴルも東アジアに含まれ、文化的にはヴェトナムも含まれ得る。ここでは、筆者は、東アジアの問題を、韓・中・日の三国に限定して論ずることにしたい。またこれは、東南アジア諸国連合（ＡＳＥＡＮ）と韓・中・日を含んだ、いわゆる「東アジア（経済）共同体」とは異なる概念であるということを断っておく。

韓・中・日の三国は、地理的に互いに隣接しており、長い歴史を通じて互いに交流もすれば戦争もしながら、時には善隣として、時には仇敵として、愛憎の関係を維持してきた。歴史上、中国は大国として、韓国の政治的な独立を認めながらも、他方においてはその支配力を行使していた時もあった。しかし、両国の関係はおおむね友好的なものであった。一方、日本は島国として、韓国だけではなく、時には中国にまでも侵略の手を伸ばした。近代において日本は、韓国を三五年間支配し、また中日戦争を通じて中国の一部を占領したこともあって、韓国人および中国人から憎悪の対象となっていた。

第二次世界大戦で日本が敗北すると、朝鮮半島は北と南に分断された。北朝鮮はロシアおよび中国と共に共産主義体制を、韓国は米国および日本と共に資本主義体制を採用した。そして、これら六カ国の間では、朝鮮半島の非武装地帯（ＤＭＺ）を中心とした冷戦的な対立状態が——少なくとも南北朝鮮の間では——いまだに続けられている。中国は改革・開放政策を採択して以来、米国、日本および韓国と国交を樹立した。これら諸国の間における貿易量は、急速に増加している。このような状況の中にあっても、北朝鮮はいまだに韓国だけではなく、日本および米国とも国交を締結していない。

米国は、韓・中・日とは地理的には遠くに離れているものの、東アジア平和共同体の建設において政治的にも軍事的にも大きな影響力を発揮している。韓国と日本には、いまだに大規模な米軍基地があって、中国を軍事的に牽制している。ロシアは、米国に比べて軍事的な影響力は強くないものの、地理的には東アジアの一国として東北アジア平和共同体の建設に少なからず影響力を与えている。

このような状況に立脚して、アーノルド・J・トインビーやポール・ケネディーのような歴史学者は、東北アジアこそ今後、人類の文明を主導していく新しい文明の揺籃の地となり得ると指摘するのである。

二 「東アジア平和共同体」の意味するもの

平和共同体とは、共同体を構成するメンバー同士が平和な関係を維持することを意味する。実際に、いかなる共同体であれ、それが共同体として存続するためには、平和が維持されなければならず、そうでなければ共同体として存続することは困難である。したがって、敢えて「平和」という用語を使用するまでもなく、「東アジア共同体」という用語には「平和」がその前提となっている。

また平和には、内的な平和と外的な平和とがある。内的な平和とは、人間の霊性および心の平和であり、個人的な平和ということができる。外的な平和とは、政治的・経済的な問題に関係する社会的な平和ということができる。社会的な平和も、個人の内的な平和をその基盤としなければ、真の意味の平和は実現され得ない。家庭内の平和から国際的な平和にいたるまで、共同体の平和が破壊される根本的な原因は、人間が内的な平和を失うところに存在する。この意味において、われわれは、ユネスコ憲章前文に謳われているように、「戦争とは、人の心の中に生まれるものであるから、人の心の中に平和のとりでを築かなければならない」という偉大な言葉を改めて反芻する必要がある。東アジア平和共同体の建設にあたっては、この地域の政治家だけではなく、宗教者も重要な役割を果たさなければならない理由が、まさにここに存在するのである。

共同体における平和の維持は、なによりも構成員相互間の内的な信頼に基づいて確保され得るものである。さらにまた、価値・規範・法はある程度共有されなければならず、異なる言語・宗教・文化における差異も互いに認め合い、互いに尊重し合う態度が必要である。そして、このような態度の涵養は、法の強制的な行使よりも、自発的な平和教育および文化の多様性についての教育によって可能となるのである。

ヨーロッパ諸国は、第一次・第二次世界大戦後、共同の繁栄を図るために、政治的・経済的・文化的に協力し、統合の道を見出し、今日のEUを成立させたのである。韓国、中国、そして日本が、ヨーロッパ諸国が行なったような共同体（Community）または連合（Union）を結成できないという、いかなる理由も見出すことができない。ヨーロッパと東アジアとでは、さまざまな面で異なる点が多いのも事実であるが、それにもかかわらず、筆者は、数十年後には「東アジア共同体」、あるいは「東アジア連合」(East Asian Union) が誕生し、数百年後には一つの「アジア共同体」が成立し、そしてさらに遠い未来には、世界のすべての国家が一つの「地球共同体」を形成する日が到来するだろうと確信するものである。

三　東アジア平和共同体の建設の障害物

東アジア平和共同体の建設において最初に障害物となるのは、韓・中・日の三国相互の間で国民的信頼が欠落しているということである。日本の東アジアへの侵略、およびその後冷戦によって断ち切られてしまった三国間の外交関係は、中国の改革・開放の後、韓・中・日の間では形式的には樹立され、かつ過去の歴史もある程度は整理されたものの、これら諸国の国民の心の中に疼く過去の傷口は、いまだ完全には治癒されていない。中国は、過去における日本の「大東亜共栄圏」論に対する記憶が消え失せず、依然として日本を警戒しており、韓国は中国と日本のいずれに対しても警戒心を抱いている。これら三国の国民相互の間に信頼関係が形成されない限り、たとえ経済的な共同体が先んじて成立したとしても、真の意味での平和共同体が形成されたとは言えない。

第二に、中国が改革・開放を行なって以来、韓・中・日の間における交易は着実に増加の一途を辿っている。しかし、これら三国の間には、いまだに自由貿易協定（ＦＴＡ）すら存在しない。また、この地域は世界最高の為替保有高を誇っているものの、同地域内の為替の安定システムは極めて初歩的なレベルにとどまっている。ＥＵが形成されてきた過程を見れば、ヨーロッパ石炭鉄鋼共同体（ＥＣＳＣ）、ヨーロッパ経済共同体（ＥＥＣ）およびヨーロッパ共同体（ＥＣ）のような産業的・経済的な共同体が先行し、その後次第に政治的な共同体へと発展していったことが明らかとなる。東アジア平和共同体の場合も、ＥＣの例にならえば、先ず東アジア三国が共同の市場を形成し、共同の貨幣を使用するというような経済共同体を成立させなければならないことになる。北朝鮮を東アジア経済共同体に引き寄せることも、北朝鮮の核問題の解決策の一つであると思われる。

　第三に、朝鮮半島の平和は、東アジア平和共同体の結成のための最も重要な先決条件である。東アジア平和共同体が結成されるとしても、今日のような南北朝鮮の間における対立、および朝鮮半島をめぐる中国・ロシア対日本・米国というようなブロック間の対立は、東アジア平和共同体の成立の障害物として作用することになる。ここで、南北朝鮮当局の政治的な決断が必要となり、朝鮮半島をめぐる諸強国間の協力が極めて強く要請されることになる。さらに、国連のような国際社会の仲裁的な役割も肝要である。

四　東アジア平和共同体の実現のための提言

先ず、東アジア三国は「円融会通」という新しいアジア的な文化的アイデンティティを創造していかなければならない。東アジアは、過去二〇〇〇年の間、共通の漢字文化圏を形成し、親孝行の思想をはじめ、数多くの共同の価値や規範を共有してきた。それにもかかわらず、近代に入ってから伝来したキリスト教、資本主義およびマルクス主義は、諸々の伝統的な思想との緊張・対立の関係を惹き起こしていった。したがって、儒教および仏教という伝統的な価値を現代と調和させ得るような新しい解釈を行なうと同時に、キリスト教、資本主義およびマルクス主義をもアジアの伝統的な文化に調和させることによって、普遍的な倫理および価値を新たに創出していかねばならない。このような作業を行なっていけば、東北アジアは、アーノルド・J・トインビーが予言したように、「地球村」の文明をリードできるような新しい精神文明を誕生させることが可能となろう。

第二に、東アジアに住む人々の間の信頼を回復するために「平和教育」を実施していかなければならない。「平和教育」は、戦争に反対し、軍備撤廃および核保有量の縮小によって新しい国際秩序を創造して、人権の促進を強化する力量を創出する教育を意味する。しかし、広義における平和教育とは、平和の実現にかかわる一切のさまざまな形の教育を意味する。韓・中

・日における紛争は、過去の歴史に対する認識や、領土と文化に対する理解の差異によって惹き起こされている。私たちは、このような紛争の根本的な原因を確認し、東アジア三国が互いに愛と正義、そして赦しと和解を通じて「一つのアジア」、そして「一つの世界」へと統合していかなければならない。平和共同体の最も重要な基礎をなすものは、結局、人間の心の問題に他ならない。このためには、各国の政府だけではなく、宗教界、教育界、そして市民社会の積極的な関与が肝要となる。

第三に、韓・中・日三国は、経済共同体をつくるための具体的な作業に着手しなければならない。現在、アジア太平洋経済協力会議（APEC）および「ASEAN+三カ国（韓・中・日）会議」というようなものが形成されているものの、EUに比べれば極めて初歩的なレベルにとどまっている。先ず、韓・中・日三国の民間・政府が合同で「東北アジア経済共同体推進委員会」を成立させ、その一〇年後にはヨーロッパ共同体（EC）の前身であるヨーロッパ経済共同体（EEC）のような経済共同体を成立させることを目標にしていかねばならない。このためには、先ず、韓・中・日三国の間でFTAを締結し、アジア通貨基金（AMF）などを創設する必要があり、また東アジア経済共同体の実現のための社会共通資本（SOC）をも構築しなければならない。例えば、韓国―日本、そして韓国―中国をつなげる海底トンネルを建設し、南北朝鮮の間に鉄道を開通させることによって日本から朝鮮半島を通じて中国やユーラシアに進んでいけるような陸路を開拓しなければならない。東アジア三国がこの地域におけるエネルギーや環境問題に共同で対処することも、相互の連帯感を強化するうえで重要な作業となろう。

最後に、東アジアにおける新しい安全保障の秩序を確立しなければならない。目下の南北朝鮮の緊張状態、ならびに朝鮮半島をめぐる中・日・米・ロの間における冷戦的な対立関係および覇権争いの傾向は、いち早く止揚されねばならない。不幸なことに、東北アジアにおける軍備拡大は、「地球村」の他の地域よりも一層強化されている。北朝鮮は、一日も早く朝鮮半島の非核化を実行し、六カ国会議に参加しなければならない。そして南北朝鮮は、停戦条約を平和協約に転換し、米国と日本はそれぞれ米朝修交・日朝修交を通じて北朝鮮の体制の維持を保障し、経済的な支援をも行なわなければならない。ここで筆者は、南北朝鮮の軍隊を漸進的に国連常備軍に転換させ、四カ国の保障の下で朝鮮半島の統一を成し遂げ、ひいては朝鮮半島が東アジアの平和のみならず、世界平和のための中心的な役割を果たすよう提言したい。

換言すれば、東アジア平和共同体の建設は、東アジアに住むすべての人々が「心の信頼」を積み上げていくその時にはじめて、目標達成の道は開かれるのである。したがって、このような作業は政治家だけではなく、宗教界、ＮＧＯ、言論界、教育界およびその他の分野で活動している人士が互いに力を合わせて、さまざまなレベルで同時にこれを実践していってはじめて可能となるのである。また、韓・中・日三国の政治家ならびに宗教界の指導者や社会的指導者からなる「東アジア平和共同体研究フォーラム」の結成を提言したいと思う。

（翻訳・金永完）

第一セッション
過去の葛藤はいかに克服すべきか

歴史を鏡に、平和を愛し、ともに未来を切り開こう

高　峰

尊敬する同僚の皆様、そして友人の皆様

この度、中国宗教者和平委員会（China Committee on Religion and Peace：ＣＣＲＰ）を代表し、このセミナーに出席することは私の欣快とするところである。主催者である韓国宗教人平和委員会の行き届いた準備と心温まるご配慮に心より深甚の謝意を表するとともに、大会の成功を祈念するものである。

東アジア諸国は、互いに近隣の関係にある。中国には、「遠くの親戚より近くの他人」という古い言葉がある。この言葉から、隣り近所が善き関係にあることの重要性がよく理解できよう。歴史上、東アジア諸国には相互の友好な交流関係を物語る佳話《かわ》が決して少なくない。しかし、東アジアの近代史を繙《ひもと》くとき、それは血と涙と心の傷で彩られた歴史であると言える。とりわけ、第二次世界大戦時における日本の軍国主義者やファシストの暴虐行為は、中国人民に深刻な災難をもたらしただけでなく、東アジア諸国の人民にも極めて大きな傷跡を残した。「東

アジアの歴史の傷をいかに癒し、ともに未来を切り開くか」は、東アジアのすべての国が直視しなければならない厳粛な現実的問題である。今回、主催者から「東アジア平和共同体」という新しい概念が提起されたが、その核心をなす言葉は平和である。このことは、各国人民にとってなによりも優先されるべき最大の関心事であることを物語るものである。そして、これこそが平和を希求するすべての人民の共通の意志であり、これがまた、時代の趨勢でもある。

友人の皆様

周知のように、中国は独立自主の平和外交政策を堅持し、平和的発展の道を歩み続け、双方互恵・両得の開放戦略を実行し、恒久の平和と共同の繁栄を実現する調和ある世界の建設を推進している。中国の平和的発展は、健全な外的環境を必要としている。それ故、中国は、周辺国家との善隣友好の協力関係の発展に力を注ぎ、隣国との善良な隣人関係とパートナーシップを形成する方針を堅持している。これは中国政府の既定の政策であって、便宜主義的な手段ではなく、時代の要求に順応したものであり、中国およびこの地域における各国人民の長期的利益を出発点とした必然的選択である。

現今、この地域の情勢は全体的に安定しており、平和的発展の協力は依然として主流となっている。現在、アジアは世界経済の回復を先導している。世界の主要諸国の関係も全体的に安定している。新興市場国家も発展の勢力を維持し、ASEAN（東南アジア諸国連合）共同体の建設および東アジアにおける協力も推し進められている。上海協力機構と東南アジア諸国連合地域フォーラムの対話と協力も、引き続き進められている。地域における困難な問題や政治的紛争地帯への対処、そして平和安定の維持を推し進めていくうえで、中国政府は従うべき原則を打ち出している。第一に、複雑かつ不安定な情勢の下にあっては、大局を重んじ、常に地域の平和安定の維持を出発点とすること。第二に、新しい安全保障の考え方を採用し、対抗ではなく協力を求め、互いの核心的利益と安全保障上の懸念を尊重し、それに考慮を払うこと。第三に、互いに尊重し合い、相互間の戦略的信頼を高め、健全かつ安定した長期的国家関係を改善し、発展させること。第四に、和をもって貴しとなし、冷静と自制に努め、平和的手段で国家間の紛争を解決すること。第五に、多極間協力を通じて共同の利益と安全保障を促進し、上海協力機構、東南アジア諸国連合地域フォーラム、六者協議などのメカニズムの独特な役割を引き続き発揮することである。

中国人民および中国宗教界は、中国政府の平和外交政策をすべて支持し、この地域における政治的紛争問題の適切な対処に対する中国政府の主張を支持している。私たちは、平和が各宗教の共通の理念であり、主張であると考えている。平和の維持は、あらゆる宗教を信仰するすべての者の天職である。宗教は心の傷を癒し、平和を創造し、友好関係を樹立し合うなどの社会的機能を有している。したがって、歴史の傷を癒し、未来に向かって平和を創出することも、宗教界が担うべき神聖なる職責である。第二次世界大戦の痛苦な記憶を持つ東アジア諸国は、戦争に対して身の切られる痛みを覚えているからこそ、辛苦の賜物である平和的環境をこよなく慈しみ、平和の果実を守らなければならないのである。

中国は、宗教信仰人口が非常に多い国である。中国の五大宗教（仏教、道教、イスラム教、キリスト教カトリック・プロテスタント）は一億人を超える信徒を持っている。一九九四年に中国宗教者和平委員会が正式に創設され、爾来、常に「友好・平和・発展・協力」の原則を堅持してきた。一九九五年八月に、中国宗教者和平委員会は世界反ファッシズム戦争勝利五〇周年記念シンポジウムを開催し、中国宗教界平和メッセージを発表した。このメッセージは、各宗教のすべての信徒に平和の維持と戦争反対のために手を結び合うことを呼びかけ、中国の各宗教に対して、中国全国において、かつ時を同じくして世界平和祈禱のセレモニーを行なうことを提起し、中国の宗教信徒の「世界平和祈禱週間」を設立した。爾来、毎年この行事は行なわれ、今日にいたるまで一四年間続いている。これが中国宗教界が平和を尊び、平和を愛することの具体的行動であり、社会からも多大な反響が巻き起こっている。中国宗教者和平委員会は世界宗教者平和会議（World Conference of Religions for Peace：ＷＣＲＰ）やアジア宗教者平和会議（Asian Conference of Religions for Peace：ＡＣＲＰ）などの国際的諸宗教間対話組織が主催する平和活動にも積極的に参加し、各国の宗教界と対話と交流を繰り広げ、平和事業の推進と、世界の平和安寧の実現のために中国宗教界としての努力をしている。東アジアの平和に関し、私たちは以下の主張を行なうものである。

第一に歴史を鏡とし、平和を尊重することである。歴史を銘記することは、永遠の平和を勝ち取るためである。中国には「前事を忘れざるは、後事の師なり」という諺がある。「歴史を鏡とする」を強調することは、決して憎しみをいつまでも永続させるためではなく、歴史の悲劇が繰り返されることを防ぐためである。歴史を尊重し、歴史に染みた血と涙を直視してこそ、過去の過ちが再び繰り返されることはなく、寛容な態度で相手と情誼を交え、交流し、東アジア各国人民との相互理解を深め、平和を大切にし、平和を守ることができるのである。

第二に、宗教は、東アジアにおける平和事業の推進者でなければならない。いかなる宗教であれ、「平和」に関する教義を具備している。私たちは、宗教の積極的な役割を発揮し、平和の理念を人々の心に深く染み込ませ、平和を害する一切の行為に反対しなければならない。教化を通じて信徒の平和への信念を堅固にし、平和的なやり方で戦争への反対と平和尊重の信念をしっかりと教え込んでいかねばならない。平和的手段で争いや紛争を解決し、武力の恣意的な行使、あるいは武力による威嚇に反対し、平和を愛し、平和を維持する力を絶えず強化し、猜疑・誤解・憎悪をできるだけ取り除いていかねばならない。

第三に、交流を強化し、相互信頼を深め、共に未来を切り開いていくことである。交流の強化と相互信頼の深化は協力の基礎であり、これこそが矛盾や問題の解決の前提である。東アジア平和友好の基礎は、民衆の間にある。宗教は、国家と民族の相互間を繋ぐ重要な懸け橋の一つとして、地域の平和の維持と安定に優位的な役割を果たすものである。東アジアの諸宗教団体の交流をより一層深め、共同認識を拡大し、相互信頼を強化することは、東アジアの平和、ひいては世界の恒久平和の維持にとっても重要、かつ深遠な意義を有している。私たち宗教信徒は、友愛と寛容と調和の理念を唱導し、実践し、東アジア各国がそれぞれ自国の長期的発展と地域の恒久的繁栄と安定という大局的視点から出発して、相互の尊重と対等の交誼、そして双方互恵・両得の協力を唱導し、地域における緊張した情勢を激化させるいかなる言行に対しても反対し、善き隣人、そして善きパートナーとなり、共に手を携えて東アジアの平和と美しい未来を切り開いていかねばならない。

現在、世界は平和ではなく、東アジアも平静ではない。中国の宗教界は、平和を愛し、平和を擁護するすべての人々や団体と手を結び、東アジアの平和と美しい未来のために貢献したいと望んでいる。私は、東アジアの各国の宗教信徒が手を繋ぎ、宗教の叡智を共有し、宗教的手段を用いていけば、平和の理念は必ず人々の心に根を下ろし、東アジアの平和と安定の促進に引き続き寄与し得るものと確信するものである。ご参会の友人の一人ひとりの皆様が、平和の使者となられ、平和の種まく人となられることを祈念するものである。
ありがとうございました。

（翻訳・崔延花）

東アジア各国の二重国籍の歴史から見る衝突から緩和

厳　海玉

東アジア国籍法の形成と発展は、すでに一〇〇年以上の歴史を持っている。二〇世紀前半、東アジア諸国は二重国籍と不離・不可分の関係にあった歴史から国籍の争い、およびその国籍の争いから生起する国籍紛争が発生した。二〇世紀後半になると、東アジア各国は二重国籍に対して否認的態度をとるようになる。グローバル化による移民の影響を受け、近年来、国籍問題、とりわけ二重国籍問題は徐々に国際社会において広範な注目を浴びるにいたっている。二〇一〇年五月四日、「韓国国籍法」の改正案において公表された二重国籍認定基準は、韓国および二重国籍者を国際競争において有利な地位に立たせ、東アジアの平和・自由・民主的な国際メカニズムに基礎的枠組みを提供するものであり、東アジア国籍法の発展の里程標となった。

一　中国における国籍政策と国籍法

（一）清政府の国籍政策と国籍条例

一九世紀中葉、朝鮮族の前身である朝鮮移民の越境および「間島」（現吉林省延辺地区）問題の発生は、中国最初の不文国籍法――「薙髪《ちはつ》易服、帰化入籍」政策の形成と実施に影響を与えた。朝鮮移民の国籍問題、および日本が挑発した「間島問題」は、中国最初の成文国籍法――「大清国籍条例」の制定と頒布を促した。

まず、不文国籍法と二重国籍措置から述べる。

清政府は、一八九〇年から、朝鮮移民に対して「薙髪易服」と「領照納税」の国籍政策を実施した。(*1) 清政府が朝鮮移民に対して実施した「薙髪易服、帰化入籍」の政策は、「薙髪易服」した朝鮮移民についてはその土地所有権と国籍を認めるというものであった。そこで、朝鮮移民の中には、土地所有権とか、あるいは清政府から財産の保護を確保するために、一家につき一人ずつ、あるいは一家を代表して満州人の髪型を結い、満州人の服を着し、中国国籍に加入する者もいた。実施の過程において清政府が朝鮮移民に対してとったこの「薙髪易服、帰化入籍」の政策は、朝鮮移民の国籍問題の処理における慣習法となった。それと同時に、この時期に、中国史上初めて二重国籍の現象が生じた。

次に、成文国籍法と単一国籍措置について述べる。

当時、朝鮮移民が結集して生活を営んでいた「間島」地区は、資源に恵まれ、交通の要所で、軍事要地でもあり、朝鮮から中国東北地方に入る近道であった。一九〇七年に、日本は竜井村に「統監府臨時間島派出所」を不法に開設して、公然と朝鮮移民の「戸籍」管理と「保護」事務を行使し、意図的に朝鮮移民の「二重国籍」問題を作り出した。一九〇九年、朝鮮移民の管轄権、「間島」の帰属権および東南アジア華僑の国際問題(*2)について重大な侵害に直面した清政府は中国最初の成文国籍法――「大清国籍条例(*3)」を制定、公布した。「大清国籍条例」は、血統主義の原則および単一国籍の原則を採用している。

初期における国籍の観念では、国民は国王の臣民として国に対して国王の命令に服従し、「永遠に忠誠を尽くす」義務を負うのみであって、国王の命令に抵抗し、あるいは本国国籍を離脱する権利を有するものではなかった。生存の必要から中国東北に転居した朝鮮移民は、土地およびその他の権利を獲得するために、中国国籍に加入することを余儀なくされていた。彼らは、朝鮮において戸籍を持っていながら、「薙髪易服、帰化入籍」政策を受け入れることにより大清国籍を取得し、朝鮮半島国籍と中国国籍を共に持つにいたった。このようにして、二重国籍の現象が自然に生起したのである。

（二）中華民国の時期の国籍法

中華民国とは、清朝滅亡から中華人民共和国成立までの期間の国家名称で、ブルジョア民主革命を経て成立した共和国家である。この時期は、中国の歴史において大激動、大転換の時期であった。中華民国時期の二部の国籍法は、いずれも二重国籍の原則を採用した。

一九一二年に、中華民国の創始者――国民党の国父、孫中山政権下の中華民国北京政府は、中国の第二部国籍法――「中華民国国籍法」を制定、公布した。本法は一九一四年に改正され、同時に「実施細則」が公布された。一九二九年に、北伐戦争に勝利し、北京政府に取って代わった中華民国南京国民政府もまた中国の第三部国籍法――「中華民国国籍法」を公布した。また、「中華民国国籍法」の改正時に、外国人が中国国籍に加入する際、まず本国国籍を離脱しなければならないとする条項が削除された。

中華民国政府が制定した二部の国籍法の基本共通点は、血統主義を主とし、出生地主義を従とする原則により、二重国籍を同時に認めたことである。その主な目的は、外交主権を具現化し、本国僑民の利益を保護することにより広範囲にわたって華僑華人の援助と支持を獲得するためであった。

（三）新中国成立後に施行された国籍政策と国籍法

新中国成立の初期は、さまざまな原因により国籍法が制定されることはなかった。それ故に、国籍問題を処理するうえで主な根拠となったのは、中国の国籍政策および司法条約であった。これらの政策と条約は、かつては重要な役割を発揮したが、法律上、本国国民に実質的な援助と保護を与えることができなかった。

改革開放後、一九八〇年に「中華人民共和国国籍法」（以下「中国国籍法」と称す）が正式に公布された。血統主義を主とし、出生地主義を従とする「中国国籍法」は、二重国籍に反対し、第三条において「中華人民共和国は中国公民の二重国籍を認めない。」と明確に規定した。二重国籍反対の指導思想は、国籍法の関連条文に貫かれている。例えば、第五条の規定によれば、父母双方または一方が中国公民で、本人が外国で出生したときは、中国国籍を有する。但し、父母双方または一方が中国公民で、国外に定住しており、本人の出生時にすでに外国国籍を持っているときは、中国国籍を有しない。第八条の規定によれば、外国に定住している中国公民が、自ら外国国籍に加入または取得したときには、中国国籍を自動的に喪失する。このほかにも、第九条、第一一条、第一三条に、二重国籍の発生防止に関する関連規定が含まれている。

建国以来の中国における国籍問題の処理の経験に基づき制定された「中国国籍法」の顕著な特徴は、二重国籍を認めないことであり、史上二度目の二重国籍不承認の原則を宣言するものとなっている。本法は、今日までそのまま用いられてきている。

二　日本の単一国籍制度

（一）第二次世界大戦前後の「日本国籍法」

第二次世界大戦の終結まで、朝鮮半島には成文国籍法がなかった。封建統治の時期、朝鮮半島の住民は朝鮮国王の臣民で、いかなる地にいても朝鮮国籍を離脱することができなかった。一九一〇年に締結された「韓日併合条約」により、朝鮮半島は完全に日本の植民地に転落し、朝鮮臣民も「日本臣民」となった。当時においては、朝鮮半島の臣民は名義上の「日本臣民」であったが、「日本臣民」の国籍問題を処理する法律根拠は「日本国籍法」ではなく、朝鮮戸籍制度であった。ここに二重国籍の現象が生じた。

一九五二年四月二八日（「サンフランシスコ講和条約」発効の日）に、日本は「法務省民事局局長通報」（民事甲第四三八号法務省民事局局長通達）および「外国人登録法」を公布した。「法務省民事局局長通報」によれば、「朝鮮及び台湾は、条約の発効の日から日本国の領土から分離することとなるので、これに伴い、朝鮮人及び台湾人は、内地に在住している者を含めてすべて日本国籍を喪失する。」ものとされた。

「日本国籍」を持ち、かつ日本が引き起こした侵略戦争に参加した在日朝鮮人は、「日本臣民」の運命からは解放された。しかし、「帝国難民」に転落したこれらの人々は、再び悲惨な国籍の運命に直面することになった。

(二)「日本国籍法」の発展

日本は、一九八五年に国籍法を改正し、「国籍法及び戸籍法の一部を改正する法律」(昭和五九年五月二五日・法律第四五号)を公布した。この法律は、外国人が自分の外国氏名で帰化申請をし、日本国籍を取得することを認めている。(*4) この「日本国籍法」の改正により、日本では、一定程度において創氏改名措置が廃止され、父系血統主義原則から父母両系血統主義へと改められた。真っ先に創氏改名の束縛から解放されたのが、妻の助けにより自分の本氏名で日本国籍を取得できた在日朝鮮人、孫正義であった。

近年来、外国女性と日本男性の婚姻外で生まれた非摘出子が増えつつあり、多くの社会問題を引き起こしている。二〇〇八年六月四日に、日本の関東などの地方から来た一〇人のフィリピン人女性が、日本人男性との間に生まれた非嫡出子(年齢は八歳から一四歳まで)に対して父親の認知を得た後、それぞれ二〇〇三年から二〇〇五年にかけて当該地法務局に日本国籍取得申請を行なった。しかし、父母が結婚していないため日本国籍を取得することができないことを理由に、申請は却下された。これに対して、彼らは憲法訴訟を提起した。

日本の最高裁判所は、二〇〇八年六月に、「日本国籍法」第三条(*5)は、「日本国憲法」第一四条の規定に違反するとの違憲判決を下した。二〇〇八年一二月、日本の国会は国籍法改正案を採択した。その内容は、次のとおりである。父又は母が認知した子で二〇未満の者（日本国民であった者を除く）は、認知した父又は母が子の出生の時に日本国民であった場合において、その父又は母が現に日本国民であるとき、又はその死亡の時に日本国民であったときは、法務大臣に届け出ることによって、日本の国籍を取得することができる(*6)。

「日本国籍法」の新しい規定によれば、日本人と外国人の婚姻外に生まれた子は、父又は母の認知を得て日本の国籍を申請、取得することができる。身分を偽り、不法に国籍を取得する「虚偽認知」を防ぐために、日本ではＤＮＡ鑑定などの親縁関係識別技術を導入するとともに、虚偽申請の提出者に対して有期懲役または高額罰金を科するものとしている。

「日本国憲法」の基本原理に基づき、二回にわたって改正された「日本国籍法」が、外国人に対して果たした積極的な役割は否定できない。とりわけ「日本国籍法」改正案は、日本の違憲立法審査制度の効率と効力を具現化するものであり、国籍問題における日本法制の進歩を示すものであった。

三　韓国の二重国籍の認定および公布

(一) 二重国籍の認定

大韓民国政府の成立後、一九四八年に制定された「韓国国籍法」は厳格な単一国籍主義と血統主義原則を採用し、二重国籍を否認した。二〇一〇年四月二一日、「国籍法」改正案が韓国国会において採択され、五月四日に正式に公布された。なお、本法は二〇一一年一月一日から施行されることになっている。この改正案は、「多重国籍」という言葉を使い、初めて二重国籍の適用範囲を拡大した。但し、韓国国民がいまだ感情的に二重国籍に否定的態度を持っていることを考慮して、「国籍法」改正案は限定的な二重国籍を容認するにとどめた。

「国籍法」改正案によれば、二〇一一年から限定的範囲内において、一部の人たちが外国国籍を放棄しないまま、韓国の国籍を取得することができる。すなわち、二重国籍を持つことが可能となる。二重国籍取得の対象者は、科学・経済・文化・スポーツなどの面で優れた能力を持つ外国人、結婚移民者、国外に居留する高齢者（満六五歳以上）である海外の同胞などである。また、改正前の法律規定によれば、もし二重国籍者が定められた期限内にいずれかの国籍を選択しないときは、自動的に韓国国籍を喪失することになっていたが、改正案では当該条項は削除された。

「国籍法」改正案は、二重国籍者が韓国国内において外国人としての地位を保有することができないだけでなく、韓国国内において外国国籍者の権利を行使しない旨の外国人権利放棄の覚書にサインしなければ、二重国籍を維持することができないものと定めている。また、改正案は次のような規定を設けている。第一に、韓国の国益に著しく支障を来す行為をした者は、意見聴取手続により、その韓国国籍を喪失する。第二に、先天的二重国籍者のうち、「遠征出産者」は除かれる。すなわち、母の遠征出産により二重国籍を獲得した者は、現行法律により二重国籍を持つことができない。外国国籍を失わなければ、韓国国籍を取得することができない。

（二）遠征出産者の国籍選択権

一九五〇年代の朝鮮戦争以来、南北朝鮮の間では軍事上、緊張状態が存続し、両国はいずれも義務徴兵制を実施してきた。現在、北朝鮮の健康な男性は必ず一〇年ほど兵役に服さなければならず、韓国の健康な男性は必ず二年の兵役に服さなければならない。九〇年代に入り、韓国の大多数の父母は子供の将来の兵役問題を考慮し、かつ子供の留学・移民・就職などの場合に兵役徴集時期に幅を持たせ、それと同時に韓国におけるさまざまな便益をも享受するために、出生地主義を採用している国家および地域に出向いて出産し、子供を韓国で扶養する「遠征出産」がブームとなった。

かつて、一九七〇年代から八〇年代にかけて、韓国国民がアメリカやカナダなどの国へ移住する主な原因は、経済状況の改善にあった。アメリカの出生地主義の原則(*7)によれば、両親の国籍に関係なく、アメリカ国内において生まれた子供は、アメリカ国籍を取得し、アメリカ市民権を取得することができる。さらには、アメリカ経由の外国籍父母がアメリカ国内において生んだ子供さえアメリカ市民になることができる。出生地主義を採用している国を選択した最初の遠征出産者の多くは裕福な特権階層が中心だったが、後になると、次第に中産階級にも拡大され、最も多かった年で、一万人近い韓国人新生児が出生地主義を採用している国で生まれている。

八〇年代から、韓国の経済成長は空前の最高潮に達し、先進国へ移住する人々は韓国の成功者または中産階級の優秀な人材であった。二〇〇五年以後、毎年二万人以上の韓国人が韓国国籍を放棄しているが、これらの人々の大部分は中産階級以上の者および各分野における専門職の人々で、ハイクラスの人材の流出が非常に深刻な問題となっている。二〇〇八年四月に、韓国法務部と「国家競争力強化委員会」は限定的な二重国籍の容認について検討を開始した。基本構想が公にされる前に法務部が調査機関に委託して行なったアンケート調査結果によると、七一%の調査対象者が優れた外国人に対して二重国籍を認めることに賛成し、五六・六%の調査対象者が一定条件の下で、二重国籍を認めることは正しいと考えている。(*8) このように、民衆の間での一定の民意の基礎づけがあったことにより、「国籍法」の改正案は韓国国会において採択されたのであった。「国籍法」の改正案の規定によれば、二重国籍者は兵役義務の履行後二年以内に韓国国内において外国国籍者の権利を行使しない旨の誓約を行ない、韓国国籍と外国国籍を選択し、二重国籍者となることができる。今まで、韓国の国民感情を配慮して二重国籍は実現できなかったが、もはや単一国籍制度が世界の優れた人材を韓国へ誘致するうえで障害ではなくなった。

以上を総括して言えることは、近年来、二重国籍問題がますます深刻化しているが、その根源は移民問題のグローバル化の情勢にあるということである。アジアの憲法理論においても、国籍問題は新しい挑戦に直面している。多元化時代に入った韓国は、苦しい模索と選択を経て、本国国益を満たすために単一国籍主義と単一民族国家の均衡を打ち破り、かつてない二重国籍への転換の時代に入り、東アジア三カ国の二重国籍における衝突から緩和という歴史的一ページを開いた。中国および日本も、それぞれ自国法の国籍法を直視し、二重国籍制度を新しい法制軌道に乗せるべきであろう。

【註】

＊1　衣保中・房国鳳「清政府の延辺朝鮮族に対する移民政策の変遷について」（『東北アジア論壇』二〇〇五年、第六期、九〇頁。）

＊2　オランダは、一八九二年に本国においては血統主義を主とし、出生地を従とする国籍法を公布した。他方で、オランダはインドネシアにおいて一九〇七年から純出生地主義の国籍法を実施し、インドネシアに居留、出生した華僑はオランダ国籍に入らなければならないと規定した。オランダは、これにより根本的な問題解決を図ることを目的として華僑とその祖国との繋がりを遮断し、清政府によるインドネシア領事館設置の願いを徒為徒労に終わらせようとした。

＊3　一九一〇年、清政府は二〇世紀初頭に東北に入った無財産・無芸能の破産農民を対象に、「大清国籍条例実施細則」を公布した。また、吉林東南路兵備道は本条約の実施細則として、図們江以北の朝鮮開墾民入籍に関する「制限細則」「取締細則」等を制定し、朝鮮移民の中国国籍加入に関して具体的な規定を設けた。「大清国籍条例実施細則」は、全部で二〇条、「制限細則」は六項目、「取締細則」は四項目、「入籍細則」は一〇項目の内容から成っている。

＊4　外国人が申請する氏名は、日本戸籍簿の現有氏名を前提条件とする。

＊5　「日本国籍法」第三条第一項の規定によれば、父母の婚姻及びその認知により嫡出子たる身分を取得した子で二〇歳未満の者（日本国民であった者を除く）は、認知した父または母が子の出生の時

に日本国民であった場合において、その父または母が現に日本国民であるとき、又はその死亡の時に日本国民であったときは、法務大臣に届け出ることによって、日本の国籍を取得することができる。

＊6　厳海玉「『日本国籍法』が在日朝鮮人に果たした役割」（『東北アジア論壇』二〇一〇年、第三期、一一七頁。）

＊7　アメリカ合衆国憲法修正第一四条案（一八六六年六月一三日提出、一八六八年七月九日承認）第一項の規定によれば、「アメリカ合衆国で生まれ、または帰化した者、及びその司法権に属することになった者は、すべてアメリカ合衆国の市民であり、その住む州の市民である。いかなる州も、アメリカ合衆国の市民の特権若しくは免除権を制限する法を作り、又は強制してはならない。また、いかなる州も、法の適正手続きなしに個人の生命、自由あるいは財産を奪ってはならない。さらに、その司法権の範囲で個人に対する法の平等保護を否定してはならない。」とある。

＊8　http://news.sohu.com/20090403/n263182256.shtml

（翻訳・崔延花）

東アジアにおける過去の紛争をどう克服すべきか

呉　尚烈

一　はじめに

　二〇一〇年は、日本による韓国強制併合一〇〇年となる年である。不法に締結された韓日併合条約が、朝鮮半島の解放（一九四五年）と同時に、南北朝鮮の分断、そして戦争へと誘発していった。日本は、植民地支配に対する責任を果たさず、帝国主義の痕跡も清算していない。その結果、東アジアには、この歴史の問題をめぐって紛争が依然として存在し続けている。また、二〇一〇年は朝鮮戦争勃発六〇周年となる年でもある。朝鮮戦争を経験したすべての韓国人は、戦争が勃発したその日のことを記憶にしっかりと留めている。しかし、韓国には「終戦記念日」は存在しない。なぜなら、停戦協定の締結（一九五三年七月二七日）はあっても、それは朝鮮戦争が「公式的に」終結したことを意味するものではないからであるが、最も根本的な原因は、朝鮮戦争によって南北朝鮮および東アジアにおいて惹き起こされたさまざまな構造的な問題が、六〇年後の今日においても依然として解決されないまま残っているからである。

韓・中・日三国の間においては、日本の政治家による再三再四の靖国神社参拝と、歴史の真実を歪曲する妄言的発言、さらには侵略戦争を否認するだけではなく、むしろそれを美化する歴史教科書の問題など、敵対的関係が惹き起こされている。最近では、北朝鮮の魚雷が韓国の哨戒艇「天安艦」を攻撃した事件からも明らかなように、東アジアはまたもや危機に瀕している。「天安艦事件」をめぐり、南北朝鮮はもとより、中国や米国も紛争当事者の立場にある。

こうしたことは、日本帝国主義の植民地支配が未清算であること、そして朝鮮戦争とそれに伴うアジアの冷戦的秩序が依然として存続していることを物語るものであり、またそれによって東アジア平和共同体の建設がいかに妨げられているかを示す証左と言ってよいであろう。

しかし、植民地支配秩序の未清算と冷戦秩序の存続による紛争がいまだに存在しているにもかかわらず、東アジアの経済的な相互依存性は深まっている。東アジア諸国は、戦争が平和獲得の適切な解決方法でないことを熟知しており、妥協と交渉によってはじめて平和と進歩が達成し得るという共通の認識を持っていることも否めない事実である。

したがって、このような危機にある今であるからこそ、東アジア諸国が地域共同体の実現に向けて克服しなければならないものは何か、いかなる過程を経てその共同体を形成するのかという、長期的かつ体系的なビジョンとその具体的な行動指針の検討を必要とする時なのである。

ここでは、主として次の二点を論じることにする。第一に、植民地支配秩序の未清算が惹き起こしてきた具体的な問題を明らかにし、その解決のための東アジアにおける諸市民団体の協力と連帯の問題について解明する。第二に、冷戦秩序の存続がもたらしている東アジアの諸問題とその解決の方策についての分析を行なう。

二　日本帝国主義の植民地支配秩序の未清算がもたらした紛争とその克服

第二次世界大戦以降、韓国と日本は植民地支配の責任問題と帝国主義の清算問題の解決に失敗した。そのため、韓日強制併合の不法性の問題、先鋭な対立を深めている日本の教科書における歴史の歪曲問題、独島の問題、従軍慰安婦の問題、勤労挺身隊などの強制徴用に対する損害賠償の問題、BC級戦犯の問題、シベリアに抑留された韓国人の問題、サハリンに抑留された韓国人の帰国の問題、朝鮮半島出身者の遺骨奉還の問題、略奪された文化財の返還の問題、原爆の被害を蒙った韓国人に対する補償の問題、在日韓国人に対する差別の問題といった、さまざまな問題が惹き起こされており、これが東アジアにおける紛争の火種として残されている。

日本帝国主義の植民地支配秩序の清算と過去の歴史をめぐる諸問題を克服するためには、東アジア諸国の政府が果たす役割は大きい。それにもかかわらず、韓日協定（一九六五年）において見られるように、各国政府間の利害関係と政治的な状況によって実施されてきた「弥縫策」にはさまざまな限界が内在していた。そのため、東アジアの諸市民団体はそれぞれの政府と協力しながらも、各国政府に対し、時には批判し、時には代案を提示してきたのであった。

韓日強制併合一〇〇年を迎えて、二〇一〇年五月一〇日、ソウルと東京では、それぞれ百余名からなる計二百余名の両国の知識人によって、韓日両国における過去の歴史問題の核心となっている韓日強制併合は不法であり、無効である旨の声明が、同時に宣言された。そして、日本では五二四人が、韓国では五八七人（合わせて一一一一名）が、この声明を支持する署名を行なった。韓日両国の知識人代表は、七月二八日、この声明書を日本政府に伝達し、日本の総理大臣の名の下で韓日強制併合が無効であることの公式談話を公表することを要求した。中国の日本史学会は、この声明を支持すると宣言した。また、中国の朝鮮史学会等も支持宣言を準備している。

歴史教科書の歪曲行為は、日本が過去における侵略の歴史を否認し、むしろそれを美化する道具と見なしていることを示している。東アジア共同体の建設のためには、相互間の信頼が必要不可欠である。特に、日本帝国主義の植民地支配によって大きな苦痛を味わった韓中両国の立場からすれば、教科書の歴史歪曲問題は、日本が再び戦争を起こさないという信頼を示すどころか、相互の信頼を破壊する行為であると確信している。日本による歴史教科書の歪曲行為とそれによる対立は、これまで三回（一九五五年、一九八二年、二〇〇一年）にわたって発生した。特に、三回目の歪曲、すなわち日本の右翼団体である「新しい歴史教科書をつくる会」が製作した教科書の採択・使用が東アジア諸国において極めて深刻な論争を惹き起こした。これによって、問題への関心も、歴史の歪曲問題に限定されず、歴史をどのように認識し、どのように解決していくべきかという方向に展開していく契機となった。すなわち、韓日両国政府は、二〇〇二年、韓日歴史共同研究委員会を立ち上げ、三年間にわたって活動を行なった。しかし、教科書の問題にはアプローチできず、両国間において歴史の認識に相違があることを確認する報告書を提出することで一段落した。しかし他方において、歴史教科書の不採択運動とか、韓・中・日三国による現代史の教科書「未来を開く歴史」の共同出版といった諸活動に見られるように、韓・中・日の市民団体が市民相互間の連帯を強化し、さらに大きく跳躍する契機となった。

この他にも、日本帝国主義時代に三菱重工業によって連行され、強制労働に従事させられた朝鮮女子勤労挺身隊に対する損害補償問題を解決するために、日本の市民団体である「名古屋三菱・朝鮮女子勤労挺身隊訴訟を支援する会」と韓国の市民団体である「勤労挺身隊おばあさんたちと共にする市民会」の模範的な連帯活動とか、強制動員された被害者を支援するための日本の市民団体である「江卸発電所・忠別川遊水地朝鮮人強制連行・動員の歴史を掘る会」、そして、北海道中部の自治体である「東川町」の協力事例などは、韓・日の市民社会のレベルで行なわれた植民地支配清算作業の模範的な事例である。このような市民連帯は、真の意味において日本帝国主義による植民地支配が惹き起こした過去の紛争を克服し、和解に導く東アジア共同体の建設作業の基礎となるものであろう。

三　冷戦秩序の存続による紛争とその克服

朝鮮戦争は、南北朝鮮の現状を規定する社会・経済・文化の新しい枠組みを作り上げた。すなわち、朝鮮戦争によって、分断の膠着、韓米同盟と戦時作戦権の移譲、反共主義と冷戦文化、そして北朝鮮の核問題といったさまざまな問題が作り出されたのである。朝鮮戦争は、東アジアに対しても極めて大きな影響をもたらした。この戦争によって、米ソを中心とした世界冷戦の構図が東アジアにまで拡散し、定着するようになったのである。一九九〇年代に入って、ソ連および東欧圏が解体し、それによって冷戦体制は崩壊してしまった。これを契機として日中修交や韓中修交の成立など、東アジアにおける国際秩序は急激に変化し、経済の面での相互の依存関係も強化されつつある。また、米中の間では覇権をめぐる争いと対立の構図が確立されようとしている。しかし、「天安艦事件」と、それによって惹き起こされた政治的・軍事的緊張は、東アジアにおける冷戦的構図がいまだに存続し続けていることを物語っている。

東アジアにおける冷戦的秩序を解体するためには、市民社会や市民団体が協力して共同の戦略と行動計画を開発していかなければならない。特に「天安艦事件」が示すように、冷戦的秩序そのものが解体されなければ、軍備競争と軍事同盟による平和の維持という「安全保障パラダイム」のみが一層強化される結果がもたらされることになる。このような状況の下では、冷戦体制の解体、そして東アジア共同体の建設への道は遠のくことになろう。

冷戦的秩序の維持によって生じる具体的な問題として、軍備増強、そして北朝鮮の核問題を挙げることができる。すなわち、韓米同盟・日米同盟を主軸とする軍備増強、およびそれに連動しての中国の軍備増強がそれであり、今や東アジアは世界最大の武器庫となりつつあるのである。軍事力を支えるだけの経済力を備えていない北朝鮮は、核兵器やミサイルの開発を通じて軍事力と極めて非対称的な経済的状況を克服しようとしている。しかし、これは東アジアの核武装化の名分を許容することになり、この地域の緊張を高めている。そして、これはまた東アジア諸国における国家主義・軍事主義の強化にも寄与する結果をもたらしている。日本では、「国旗に対する敬礼」を強制し、平和憲法の改正を試みる強い動きが見受けられる。

したがって、朝鮮半島の平和と東アジアにおける平和は、相互に切り離して考えることはできない。この問題は、時間的な前後の問題ではなく、並行的にアプローチすべき問題として取り扱われなければならない。特に北朝鮮の核危機とそれを解決するための六カ国協議は、東アジアにおける多国間安全保障協力の必要性と市民団体の間における平和のための連帯の必要性の覚醒を促す警鐘と言えるのである。

冷戦秩序の解体と東アジアにおける平和体制の構築のための重要な市民連帯運動として、「武力紛争の防止のためのグローバル・パートナーシップ」（Global Partnership for the Prevention of Armed Conflict：GPPAC）を挙げることができる。紛争の防止と平和の構築のために努力する市民団体のネットワークであるGPPACは、東北アジアをはじめ、全世界の一五カ所に分布している。GPPAC東北アジアは、二〇〇五年に東京で開催された会議において主要な行動計画を採択した後、日本平和憲法第九条改悪反対運動、日本における歴史歪曲の問題の解決のための国際連帯声明、北朝鮮の核実験に対する共同声明の発表、民間六カ国協議の開催、平和憲法第九条に対する国際キャンペーンへの参加、九・一七日朝関係正常化推進キャンペーン、東北アジア非核化に関する研究およびセミナーの開催などを推進してきた。

また、「東北アジア平和教育・訓練機関」（Northeast Asia Regional Peacebuilding Institute：NARPI）が実施している東北アジア地域の青少年を対象とする平和教育も、市民団体の模範的な活動の一例として挙げることができる。

東アジアの状況を見ると、「天安艦事件」が発生して以来、韓国の西海および東海の海上において韓米および中朝の軍事力の対立が先鋭化しており、北朝鮮の核問題の解決のための六カ国協議は「失踪」してしまった。関係六カ国はいち早く交渉に決着をつけて、六カ国協議に復帰しなければ、東アジアにおける紛争は長期化し、それによって発生する被害は何ぴとも予測できないものとなろう。南北朝鮮の政府の間に立ちはだかっている障壁を取り除くために、韓国の市民・宗教団体は北朝鮮に対する人道的な支援活動の再開を強く要求している。しかし、閉塞した局面は依然として解消されていない。このような時こそ、東アジア市民団体の連帯と活動が強く要請されるのである。また、日朝間の関係改善のためには、日本政府の指導者が望ましい役割を果たせるような環境を整えていかねばならない。ここにおいて日本の市民団体の役割が期待されると同時に、韓中との連帯が必要となるのである。

四　提案

東アジアは、過去の歴史問題をめぐって依然として緊張と紛争が続けられている。他方、和解と共存に向けての動きは、かつてのいかなる時よりも強力なものとなっているということも否めない事実である。過去の紛争を克服し、共存を図るためには、東アジア諸国の政府間の妥協および交渉も必要であるし、諸宗教団体の連帯や闘争活動もまた必要である。ひいては一般市民のレベルでの日常的な相互交流と理解および和解が要請されるのである。東アジア諸国において進められている経済・社会・文化・スポーツの交流や旅行の日常化は、平和の実現に対して、より深く、より広い機会を提供するであろう。このような機会を真の意味での和解と共同体の建設の契機とすることは、私たちの義務であり、役割である。今、この場に参集している私たちが一丸となって、心を開き、知恵を結集すれば、東アジアにおける真の意味の平和共同体は必ずや実現されることであろう。

（翻訳・金永完）

韓・中・日三国間における過去の紛争をいかに克服すべきか

金　忠環

一　はじめに

今年（二〇一〇年）は、韓日強制併呑一〇〇周年であると同時に、東洋平和論を提唱した安重根義士の逝去一〇〇周年でもある。このような時に、「東アジア平和共同体の建設と国際社会の役割」と題する今回のセミナーに参加することは、まことに意義深いものがある。以下、韓・中・日三国間における紛争をいかに克服するかについての方策に関し所見を述べ、この東アジア共同体の建設の問題に関する論議が、どこまで進展しているかについて検討したいと思う。

二　東アジア共同体に関する論議の持つ紛争の性格

先ず、韓・中・日三国の間にある紛争の淵源は一九世紀中葉にまで遡ると言えよう。近代の技術文明を通じて軍事力と経済力を築き上げたヨーロッパの帝国主義諸国が東アジアに登場して以来、既存の東アジアの秩序は破壊されてしまった。一八五三年、ペリー提督の率いる四隻の軍艦が浦賀の海に姿を現した。これにより日本社会は大混乱に巻き込まれることになった。一八五六年には、西洋の軍隊がアロー号事件を奇貨とし中国の土に足を踏み込むことになる。その後、英国の軍艦に砲撃が加えられたことが引き金となって北京事変が発生し、その結果、皇帝は「蒙塵」を余儀なくされてしまう。その後、清国は西洋との自由な通商を許容せざるを得なくなる。韓国の国民も、清国と日本で起きた変化を見て大きな衝撃を受けることになる。そして、ジェネラル・シャーマン号の事件（一八六六年）を通じて初めて、西洋勢力に接触するにいたるのである。

その後、さまざまな混乱を克服していく過程の中で、韓・中・日三国は紛争の渦の中に巻き込まれていく。先ず、韓・中・日三国は、ヨーロッパにおける諸近代国家の例に倣って、軍事技術の開発や経済力の向上に没頭することになる。日本は、当時のヨーロッパの帝国主義に倣って自国優越主義の旗印を掲げ、隣国を卑下し、最後には隣国を強制的に占領し、差別し、苦痛を与えるという最悪の事態を惹き起こした。一九一〇年の韓日強制併呑は、まさにその端的な例である。

韓・中・日三国の間には、今日においても依然としてさまざまな紛争が存在している。中国と日本の間には、過去の歴史認識の問題、靖国神社参拝の問題、尖閣列島の領有権をめぐる紛争などといったものが争点となっている。韓国と日本の間にも、韓日強制併呑に対する立場の相違、独島の問題、歴史教科書の問題、靖国神社の問題、在日朝鮮人に対する待遇改善の問題など、解決されるべき課題が多く存在している。韓国と中国との関係は、国交関係の樹立（一九九二年）以来著しい改善がなされてきたが、高句麗の歴史を含め、今なお解決すべき数多くの問題が存在している。

しかし、このような紛争は、韓・中・日三国における共同体の形成の妨げとなるものではない。ヨーロッパの場合も、一千万人以上の死傷者が出た第二次世界大戦の教訓を通じて地域の統合を目指すようになったのである。そこで、フランスの政治家ジャン・モネなどの数多くの人々は、一九五〇年代に、ヨーロッパの共同の利益を確実なものとすると同時に、未来における紛争の防止などを目的として、ヨーロッパ共同体（ＥＣ）創設のビジョンを編み出した。このような地域統合のモデルは、世界の各地に広く伝播していった。東南アジアでは、ＡＳＥＡＮおよびメコン川流域諸国の首脳会議（Greater Mekong Subregion Summit）が、南米では南アメリカ防衛理事会（Consejo de Defensa Suramericano）が、アフリカではアフリカ連合（African Union）が、そして中東ではアラブ連盟（League of Arab States）が成立している。このように地域統合の動きは全世界にわたって現れている。しかしながら、このことは、これらの地域に紛争が存在しないということを意味するものではない。現実に紛争は厳然として存在しているのである。

三 コミュニケーションの活性化に向けての東アジア共同体論の進展

東アジア共同体の形成に向けて経済的な諸条件が成熟していく中で、地域的レベルでの協力は金融の分野から進められてきた。韓・中・日三国間の交易量はすでに世界の総交易量の二五％に達しており、ヨーロッパ統合の初期における交易量が一九％であったことに照らしてみれば、経済的な統合の基盤の用意はすでに整っていると言うことができよう。また、東アジア三国の間では、一九九〇年代後半に発生した東アジア経済危機の経験を通して、相互に抱えている問題は共に手を携えて解決していかなければならないという共通認識が形成されている。二〇〇九年の五月三日には、アジア通貨危機を防ぐためのチェンマイ・イニシアティブ(Chiang Mai Initiative)分担金に関する合意が成立した。韓国(一六％)、日本(三二％)、中国(三二％)、東南アジア諸国連合(ＡＳＥＡＮ／二〇％)などが参加し、一定の金額を負担することにしたのである。特に中国と日本は、それぞれ四〇〇億ドルを拠出している。東アジア共同体は、金融分野での協力を通じて迅速に形成されているように見受けられる。今後、韓・中・日の自由貿易協定(ＦＴＡ)も推進されていくことであろう。二〇一〇年の五月に、韓・

中・日の通商関係の大臣は投資に関する協定の年内締結に合意し、かつ二〇一二年の韓・中・日首脳会談の開催までに三国のFTAについての共同研究を完了させるという計画も立てた。

韓・中・日では、今日、東アジア共同体をいかにして形成すべきかについての議論が展開されている。韓国は、これまで東北アジアの平和と交流の拡大、ならびに統合を希求してきた。日本の場合は、二〇〇二年一月、小泉純一郎総理大臣が日本―シンガポール間経済連帯協定を締結する際に、東アジアに対し「共に歩み、共に進み行くコミュニティ」の樹立を提案して以来、東アジア共同体に対して肯定的な立場を示してきた。さらに、二〇〇三年一二月、日本―ASEAN特別首脳会議においても「東アジアコミュニティ」の建設という目標を提示しており、とりわけ鳩山由紀夫総理大臣が就任（二〇〇九年）して以来、日本の民主党は「対処していくべき五つの課題」の一つとして「東アジア共同体の構想」を表明している。中国も、経済成長のための安定した国際秩序を維持し、成長した国力に相応しい地域的な責任を遂行するために、東アジア共同体の形成に対し積極的な立場を顕示している。特に、二〇〇九年一二月、習近平中国国家副主席は、「韓・中・日協力を基にして東アジア共同体が早期に実現されることを希望する」と述べている。

その結果、韓・中・日三国間の協力はそのビジョンを具体化させる段階にまで進展している。二〇〇九年一〇月一〇日に開催された第二次韓・中・日首脳会談において、「韓・中・日三国協力記念共同声明」、「持続可能な成長共同声明」が発表された。さらにまた、二〇一〇年五月一九日、韓国の済州島で開催された韓・中・日首脳会談では、「三国間協力ビジョン二〇二〇」が採択された。

このような東アジア共同体の建設にかかわる議論の中で、歴史や領土をめぐる紛争という政治的レベルでの問題は、相互のコミュニケーションのさらなる活性化を通じて漸進的に議論していかねばならないものであろう。「三国間協力ビジョン二〇二〇」の内容の中には、その協力事務局を大韓民国に設置し、首脳会議、外相会議、文化相会議、閣僚級および高官会議の活性強化という項目が含まれている。さらにまた、教育省間の協議の成立に向けての多種多様な会議を有効に活用していくこと、そしてまた治安当局間や地方政府間の協力体制を整備していくことについても決定をみるにいたっている。三国間の政治的問題や安全保障上の問題をめぐる紛争は、いまだ未解決な状態であるが、相互の意思疎通が深化されていくにつれて次第に解決されていくことであろう。

四　ＩＰＣＲ国際セミナー代表金星坤議員の基調講演と中国キリスト教協会会長高峰師の報告についてのコメント

先ず、金星坤議員の基調講演についてコメントしたい。韓・中・日三国共同体の「東アジア平和共同体」という命名についてであるが、これに類似する名称があまりにも多い。そこで、私はもっと具体的に「東アジア三国共同体」という、より明確な名称を考える必要があると思う。換言すれば、ベネルクス三国、スカンディナビア三国などのように、「東アジア三国」として地域協力の範囲を明らかにすべきであるということである。

また金星坤議員は、東アジア平和共同体の障害物として、国民相互の間の信頼不足、既存の関係の問題、そして南北朝鮮の間の紛争を提示したが、私は経済的規模と産業的構造の格差、政治的体制および社会的構造の異質性も、また無視できない障害物であると考えている。

金星坤議員は、「共同体の構成のためのいくつかの提言」において、いくつかの方案を提示した。第一に、「円融会通」の文化的アイデンティティ、第二に、国民に対する平和教育の実施、第三に、アジア通貨基金の創設と共同体のための社会共通資本（SOC）の構築、第四に、新しい安全保障上の秩序の確立（停戦協定の平和協定への転換、朝鮮半島の統一、国連常備軍の配置など）、第五に、東アジア平和共同体フォーラムの設立などである。以上は、いずれも東アジア共同体の成立を積極的に模索するうえで良い方案であると思われる。

ここで、私なりにいくつかの方策をつけ加えてみたいと思う。第一に、青少年をはじめとする国民相互間の交流の拡大、第二に、文化交流の拡大、第三に、漢字の統一、第四に、社会的システムの統合などの問題を考慮に入れるべきであろう。先ず、国民相互の交流の拡大のためには、韓・中・日三国間における査証取得手続きの改善（ビザ免除など）、入国審査において便宜を図るなどといった方策が模索されるべきであろう。韓・中・日三国の国民が一層容易に意思疎通できるように、この三国における異なった漢字体系を統一・整備していく必要がある。それにとどまらず、さらに東アジア三国では、市場の秩序・福祉政策・道路システム・銀行制度・教育制度が標準化されなければならない。これらの措置によって東アジア三国共同体の中で同一性が強化され、「われわれは一つ」という認識が確立されていくことを期待している。

次に、中国キリスト教会会長高峰師の報告についてのコメントに移りたい。

高峰師の報告では、平和と協力が強調され、中国の平和外交政策の原則が説明された。その要諦は、次の通りである。第一に、大きな流れや重要な問題を優先にすべきであり、地域の安定と平和の擁護が出発点となる。第二に、相互協力を追求し、相互に尊重し合い、核心たる利益と安全を保護すべきである。第三に、相互尊重を第一義とし、戦略的信頼関係を増進し、健全で持続可能な発展関係を維持すべきである。第四に、和合と愛情を通じ冷戦的構図を最大限に止揚し、平和的な方法によって国家間の紛争を解決すべきである。最後に、多方面にわたる協力を通じて、共同の利益と安全を促進させ、上海協力機構を持続させ、東アジア連合と六カ国会議というシステムの持つ独特な影響力を増大させるべきである。高峰師はこの五つの原則を明らかにし、中国政府の平和外交政策を全面的に支持し、困難な問題が発生した場合、中国政府の採択する適切な処理方法に対し積極的に同意するという立場を表明した。

さらにまた、高峰師は、東アジアの平和について三つの方向を提示した。第一に、歴史に鑑みて平和を愛好しなければならない。第二に、宗教は東アジアにおける平和事業の先駆者の役割を果たさなければならない。第三に、相互交流を強化し、信頼を深め、新しい未来をつくっていかなければならない。この報告は、中国の立場を理解するうえで貴重な機会を提供するものであり、また宗教の役割についての師の理論的な立場には私も共感するものである。

しかしながら、このような諸事項を具体的に実践していくということになると、各国が一歩ずつ譲歩しながら、共同体の形成を求めていくことこそが平和体制の構築に役立ち得るものと、私は信じるものである。

（翻訳・金永完）

東アジアにおける過去の傷跡をどう癒すか

松井ケティ

一　はじめに

第二次世界大戦終戦から六五年がたった今でも、戦争が起こした過去の傷跡がいまだ東北アジアの多くの人々の心に残っているのが現状である。日本は、戦前や戦時中、中国や韓国に深い傷跡を残した加害者であると同時に、日本国民は原爆の犠牲者でもある。戦後、東北アジアでは、時代や政治の変化と共に、大きく変わるごとに武力対立が起きた。さまざまな形の暴力が使われるたびに、人々の心身に傷の足跡を残したのである。過去を踏まえて、東アジアの平和構築への道にはさまざまな条件が必要となる。その中でも注目したいのは、東京裁判（極東国際軍事裁判）で扱われていない案件である従軍慰安婦の問題である。この問題について、日本はどのように過去の清算をし、これから隣国と良い関係を築いていけるのかについて探求したい。

過去の傷跡を、トラウマとも言う。国際トラウマ癒し研究所の創立者であるG・ロスは、〝異常的〟トラウマとは「戦争・ジェノサイド・抑圧的政府・宗教的迫害・抑圧・テロ行為・人質・殺人・恐喝・自然災害」などを含むと述べている（ロス 二〇〇八）。先ずは、過去の傷を残した原因を診断し、被害者に癒しの道具を処方することが重要である。ロスによると、トラウマはさまざまな方法によって癒すことができる（同）。癒しの道具の一つとして「赦《ゆる》し」がある。非人道的な行為が行なわれたのなら、名誉を回復する必要性がある。C・J・モンティエルは、公的な赦し・謝罪・正義と和解の過程が社会的癒しの道具であると述べている（モンティエル 二〇〇二）。「赦す」行為には条件があり、その条件が成立しない限り個人は癒されることがないため、赦すことが出来ないといわれている。このようなことから、日本は東北アジアの隣国から公的謝罪を求められているのである。

したがって、本論文では過去の傷跡を癒す方法の一つとして、和解における「赦し」の役割と、それを可能に導く宗教とそのリーダーシップの役割について同時に考えたいと思う。日本の立場から隣国に「赦し」について語るのは適切ではないかもしれないが、平和教育者として癒しと和解の過程を語るには、「赦し」の仕組みを理解する必要があると考えている。そして、その理解から日本が果たすべき責任とは何かを探求する。さらにまた、将来を考えた長期にわたる平和教育が東北アジア諸国の外交関係を再建していくうえで大きな役割を持つ。その意味においても、人を殺めたり、傷つけあったりする行為をなくすために、平和教育が欠かせないものと考える。

二　過去の傷跡を癒す「赦し」の役割

歴史的対立の原因によって起こった諸問題の解決には「赦し」を対立解決と和解の過程の中に含める必要がある。賠償行為は、被害者が正当で、尊厳ある人生を送るための対策として必要であると考える。モンティエルの研究（同）によると、赦しと謝罪の行為は対立後の癒しに貢献するようである。

被害者の記憶には、紛争で犯された過去の非人道的行為が傷として残る。傷を負った被害者は、長い間憎しみの歴史を背負っている。この記憶を理解し、明らかにしない限り、和解は適切に行なわれないであろう。

赦すことが出来るには、条件が必要である。その条件とは、加害者が自分の非を認め、心よりの謝罪をし、二度と同じ行為を犯さないという約束をし、そして与えた被害に相当する埋め合わせをする努力である。J・W・デ・グルーチーによると、加害者が素直に非を認め、心より反省をすることによって加害者が癒されるという。そしてその行為は、被害者が加害者を赦す心になりやすい状況にし、被害者の癒しに繋げるために重要であると訴えている（デ・グル

ーチー 二〇〇二)。

戦時中、日本軍の性奴隷として拉致され、働かされていた女性たちが住むシェルターの二カ所――ウリジップとナヌミジップで何人かの女性たちと話した中で、全員が日本の公的謝罪がない限り、日本が行なった行為を赦すことも、自分たちが癒されることもないと言っていた。日本はこれまで、政府の公式な謝罪や政治家の個人的な謝罪はあっても、西ドイツの首相ウィリー・ブラントが一九七〇年にポーランド・ワルシャワでユダヤ人に対してホロコーストの謝罪をし、慰霊碑に花をささげた行為のような公的謝罪はいまだかつてない。

和解は一晩で出来ることではない。加害者と被害者が和解するためには、必要な法律の改正を行なう、被害者の人権に敬意を示す、被害を受けた人々が安心して暮らすための包括的な共同体を作るなどのさまざまな努力が長期にわたって必要である。謝罪と赦しの過程には、損害の正義(不当な行為に与える)と回復に繋がる正義(不当な行為によって被害を負った人たちや社会が回復できる福祉)がある(モンティエル 二〇〇二)。対立しているもの同士が恨みあうことは、明るい未来へ繋がらないこと、そして平和に高い価値を置かないかぎり、福祉はありえないことに気づくことが重要である。

三　宗教とリーダーシップの役割

東アジアの状況は、道徳的な判断と社会的責任が必要な、センシティヴで、複雑な社会問題だと思う。宗教には、モラルのある、道徳的に発揮できるリーダーシップが備わっている。ユネスコの「平和な文化を促進する諸宗教の役割の宣言」は、人間の生活には宗教が重要だと認識している。「宣言」の「宗教の責任」は「諸宗教の共同体は知恵・慈悲・分かち合い・福祉・連帯感そして愛によって行動を起こし、すべての人が自由と責任の道を歩むこと。宗教は支えのエネルギー源になるべきである」と指導している。人の価値観と姿勢は、その人が育った文化のモラルと道徳的基準によって証明される。したがって、平和、宗教とリーダーシップの協調が社会のモラルと道徳的基準の開発に貢献するのではないかと考える。

ロスによると、トラウマの癒しトレーニングを受けた、宗教者を含むさまざまな職種の人たちは、トラウマに苦しむ人たちにより良いケアを与え、一般の人たちを守り、トラウマからの回復を助けるサポートができるという（ロス 二〇〇八）。例えば、トラウマは人の霊性から解離するものであるから、トラウマの性質を知る宗教者はトラウマの原因を知り、トラウマが起こす被害者の羞恥心、罪の意識や切望を乗り越えるための支えを与えることができるというのである。

平和構築に必要なリーダーシップの要素として、以下の基準が求められている――非暴力・正当性・グローバルな責任感・平等性・人間の尊厳・対立解決の技能・すべての生命に対する敬意と福祉がこれである。さまざまなリーダーシップの中から、右の基準が備わっている三つのリーダーシップがある。それはシティズン（市民）・リーダーシップ、サーヴァント（奉仕の）・リーダーシップとトランスフォーメーショナル（変革を起こす）・リーダーシップである。

R・A・クトーによると、シティズン・リーダーは「分かりやすく基本的な人間の尊厳を語ることができる。次世代に人間と環境の低下を受け継がない姿勢を持つ社会を残していきたい気持ちに駆られる」と言っている（クトー 二〇〇二）。また、M・ガーゾンは、地球市民になるということは「自分だけではなく、他のために価値ある生活をすごし、そして自分の部族や宗教だけではなく、または、自分の国や地域のためだけではなく、世界の利益のために生きることである」と紹介している（ガーゾン 二〇〇三）。

癒しと平和構築のために意義ある役割を持つ二つ目のリーダーシップは、サーヴァント（奉仕の）・リーダーシップである。R・K・グリーンリーフが使った「サーヴァント・リーダー」という単語は、道徳的リーダーを表している。彼によると、「サーヴァント・リーダー」はリーダーになる前に、先ずはサーヴァント（召使）であることと紹介している。「サーヴァント・リーダーになることは、先ず自然に尽くしたい、先ずは、（人のため、世のために）尽くしたいという気持ちになることである。そして、歩む道を選んだ時に、他を導きたいという使命感にあふれるのだ」（グリーンリーフ 一九七〇）。和解のプロセスに携わるリーダーが、被害者にそれ以上の屈辱を与えずに癒すことができるような効果的なプロセスを行なうには、サーヴァント・リーダーの要素と対立転換の基本的技能が必要である。

そして、癒しと平和構築に必要な三つ目のリーダーシップは、トランスフォーメーショナル（変革を起こす）・リーダーシップである。このタイプのリーダーは、ガンディーやキング牧師のように、同じ目標に向かって行動を共にしたいという気持ちに駆られるための、閃《ひらめ》きに基づくモチベーションを創造し、カリスマ性があり、アイドル的な影響を与える存在である（B・M・バス、P・スタイドルマイヤー 一九九八）。過去を癒すプロセスと現在と未来の平和構築のために、また、関係している人々全員が利益を共有することができるように、トランスフォーメーショナル・リーダーは自分と他を誘導することができる。

M・ラムジーは、赦しとサーヴァント・リーダーシップの研究を通して、「サーヴァント・リーダーシップ、共感性、そして赦しと癒しの原理を応用する人たちの環境では、どんなに硬直した人の心でも、どんなに後悔のかけらもない加害者でも、救われる可能性があり、共同体を回復する希望がある」とまとめている（ラムジー 二〇〇六）。共感性を持ったサーヴァント・リーダーのリーダーシップ要素、そして赦しと癒しの可能性を開発することが平和構築への貢献になる。

しかも、平和教育の目的の一つとして、G・サロモンとB・ニーヴォは、「共感性は相手が苦しむ痛みを理解し、相手の経験を相手の視点から見る能力を引き出すことができる」と説明している（サロモン、ニーヴォ 二〇〇一）。共感性は、諸宗教が勧める美徳である。その上、J・ガルトゥングによると、共感性は非暴力、創造性、知識、慈悲と忍耐力と共に、対立転換を行なう時に必要な基本的技能だと述べている（ガルトゥング 二〇〇一）。そして、これらの技能は平和教育のカリキュラムに含まれるべきであるということを提案している。

東アジアにおいて平和と良い親善的関係を築くためには、リーダーとフォローワーズ（部下）・チームと行動企画を創るリーダーシップの原理と技能を応用することである。東アジアにおいて浮かび上がる共通の目的は、個人と地域の国々が過去を癒し、平和と善意を築くために共に働くことである。

四　平和構築における平和教育の役割

右に紹介したように、過去の傷跡を癒す方法の一つとして「赦し」による和解がある。また、癒しを現実にするにはさまざまな支えが必要と考える。その支えの中に、宗教とリーダーシップの役割がある。この癒しの過程を踏まえながら、多くの人を苦しませる武力戦争や人間の尊厳を無視する暴力的行為のようなことを二度と起こさないために、また東アジアに平和を築くために、平和教育が重要な役割を持つ。

教育を平和の構築と学びへ導くさまざまな努力が行なわれている。平和教育を通して平和を築き、学び、そして応用することができる（B・ブロック・ウトネ 二〇〇〇／G・サロモン 二〇〇二）。平和教育の教育論には、和解と平和を築くプロセスを行なうために適した要素が備わっており、十分な可能性を発展させるに必要な知識、技能と姿勢が含まれている。新しい洞察と異なる視点で変革の難しさと向き合うことが重要である。私たちの人生と平和な環境を保障するために、また、私たちの人生と平和な環境を築く共有の安全保障を得るための政策改革の必要性、そして対立を非暴力的に転換する行程観念と態度がもてる一般の人たちの意識の改革の必要性がある。平和教育は、市民に社会を平和の文化へと変えていく行動を起こすように導くことであろう。

五　終わりに

平和教育は、リーダーシップ要素を育み、赦しと和解に必要な対立転換技能のトレーニングをすることができる。B・リアドンは、次のようにまとめている。「変革の目的と和解の技能を含む道徳的問題解決法や対立処理は、斬新な方法で貢献するよう現世代の平和教育者が求められる二種類の試みである」（リアドン 二〇〇一）。

リーダーシップと赦しを含む平和教育が、現在と未来のリーダーたちを教育し、彼らが、歴史が起こした過去の爪あとを癒し、すべての人の恩恵と福祉のための平和構築に必要な共感性を持った市民リーダーとして、サーヴァント・リーダーとして、そしてトランスフォーメーショナル・リーダーとして世界のために働くことを願う。

【参考文献】

■Ross,G.(2008).*Beyond the Trauma Vortex Into the Healing Vortex:A Guide for Psychology and Education*,Los Angeles:International Trauma-Healing Institute.

■Montiel,C.J.(2002)."Sociopolitical Forgiveness",*Peace Review* 14:3,pp.271-277.

■De Gruchy,J.W.(2002).*Reconciliation:Restoring Justice*,Minneapolis(MN):Fortress Press.

■Couto,R.A.(1992)."Defining a Citizen Leader",in J.T.Wren, ed.,*The Leader's Companion:Insights on Leadership Through the Ages*,New York:The Free Press,pp.11-17.

■Gerzon,M.(2003).*Becoming Global Citizens:Finding Common Ground in a World of Differences*,Retrieved from http://www.mediatorsfoundation.org/relatedreading/becomingglobalcitizens.pdf on July 1,2006/

■Greenleaf,R.K.(1970)."Servant-Leadership",in L.C.Spears, ed.,*Insights on Leadership:Service,Stewardship,Spirit,and*

Servant-Leadership,New York:John Wiley & Sons,Inc,1997,pp.15-20.

■Bass,B.M. & Steidlmeier,P.(1998).*Ethics, Character and Authentic Transformational Leadership*,Retrieved from http://cls.binghamton.edu/BassSteid.html on September 29,2006/

■Ramsey,M.(2006).“Servant-Leadership and Unconditional Forgiveness:The Lives of Six South African Perpetrators”,*The International Journal of Servant-Leadership* 2:1,pp.113-139.

■Salomon,G. & Nevo,B.(2001).“The Dilemmas of Peace Education in Intractable Conflicts”,*Palestine-Israel Journal of Politics,Economics,and Culture* 8:3,p.64.

■Galtung,J.(2001).*Implementation of Peace Education in Norwegian Institutions of Higher Education*,Retrieved from http://www.transcend.org on September 29, 2006/

■Brock-Utne,B.(2000).“Peace Education in an Era of Globalization”,*Peace Review* 12:1,pp.131-138.

■Salomon,G.(2002)“The Nature of Peace Education : Not all Programs are Created Equal”,G.Salomon & B.Nevo,eds., *Peace Education : The Concept,Principles and Practices around the World*, Mahwah(NJ) : Lawrence Erlbaum Associates, pp.3-14.

■Reardon,B.(2001).*Education for a Culture of Peace in a Gender Perspective*,Paris:UNESCO Publishing.

■UNESCO“Declaration on the Role of Religion in the Promotion of a Culture of Peace”Retrieved from http://www.unesco.org/cpp/uk/declarations/religion.pdf on August 2,2010/

多様性の中の調和と共生

杜　文堂

アジア諸国は近隣の関係にあり、「一衣帯水」あるいは「山河が続いている」の関係にある。これは、人々の意志によって変えることのできない客観的事実である。

各国相互の絆を改善するには、両国間の関係を改善することがその前提であり、基礎である。両国間の関係を決定する根本的要素は、二つあると思われる。第一に、両国間の利益関係を正しく処理することである。互いに利益がなければならない。両者がいずれも利益関係者であり、あるいは互いに利益協力者でなければならない。第二に、両国間に残されている未解決な歴史的課題を正しく解決することである。前者は現時点の国家利益にかかわり、後者は民族感情にかかわる問題である。この二つの問題を適切に解決してこそ、真の意味での恒久友好の協力関係を築くことができるのである。

ここでは、主としていまだ未解決な問題として残されている歴史的課題について焦点を当てることにする。いずれの国においても、その発展は順風に帆をあげて進められてきたわけではなく、いずれも精神的感情においてその国固有の心的外傷を負っている。そのうちのある部分は、その国の内部的問題であり、国別史の研究調査の範囲に入る。ここで私が述べたいのは、ある二国間に存在する歴史的葛藤と恩讐である。すなわち、両国の関係における歴史的問題、あるいは「歴史的心的外傷」と呼ばれるものである。東アジアについて言えば、主に幾つかの主要国家間における二国間の関係をさす。これについては四つの関係が挙げられる。韓日関係、中韓関係、南北朝鮮関係そして中日関係がそれである。そのほかにも、勿論、モンゴル、ロシアと中、日、韓の関係もあるが、それらは世界史の範囲に属することになる。

第一の韓日関係の問題については、本会議の主催者から今回の会議の歴史的契機が日本の韓国合併一〇〇年にあることが指摘された。一九一〇年の日韓合併条約（日韓併合に関する条約）の締結から今日にいたるまで、ちょうど一〇〇年が経っている。一九一〇年から一九四五年の第二次世界大戦終戦までの占領は、終戦とともに終了した。この三六年間は、朝鮮人民にとっては、国が「消去」され、独立国から植民地に零落した時期である。朝鮮人民が受けた苦痛と屈辱は、これを抹殺することは到底、許されるものではないし、忘却に付されることも「希釈」されることもあってはならないものである。

朝鮮民族は、独立を愛し、民族の誇りが極めて強く、外来侵略に抵抗した愛国主義の伝統と自国の専制暴政に抵抗して自由解放を勝ち取った革命の伝統を持つ一つの英雄的な民族である。日本は明治維新以後から一九四五年まで、朝鮮に対し長期にわたって蚕食、合併、そして侵略を行なった。これは、日本が明確な態度で真摯に直視しなければならない歴史であり、必要な再認識と反省を不可欠とするものであって、これはまた歴史に対して責任を果たすことであり、隣国に対し責任を持つことは当然であって、歴史を尊重し、古い錯誤的な伝統を徹底的に打ち破る勇敢な態度である。これに対して、いかなる逃避も、回避もあってはならない。これこそ隣国の信頼を獲得するには避けては通れない道であって、歴史の是認を享受し、国際社会から高く評価され得るものである。

他方、韓国について言えば、日本が明確な反省の態度を明らかにした後、この不幸な歴史が世界の近現代の歴史段階における一つの普遍的な現象であったことを認めなければならない。西側列強は、植民地あるいは勢力範囲の争奪を目的に、貿易を先導、砲艦を後ろ盾、そして文化を補助として、世界的範囲において尖鋭、かつ甚だしくは血腥《ちなまぐさ》い闘争を繰り広げた。このように歴史の必然的現象を認識することは、人々に正義と不正義の区別を軽視させ、否定することを是認するものでは決してない。勿論、理非曲直の識別の否定を是認するものでもない。一九一〇年、朝鮮の内閣総理大臣李完用が合併条約を締結したことは、その前に起こった「江華島事件」(一八七五年)以来のこの種類の一連の事件の、一種の最終の結果であって、中・日・ロシアの大国間のパワー・ゲームの産物であったのである。

第二は、中韓関係である。朝鮮半島はアジア大陸の一部分である。さらに、中国とは山河が続いている。その歴史的つながりは、悠久の血脈によって結ばれている。紀元前四〇〇年、春秋斉国の名相管仲が書いたとされる『管子』のなかに、朝鮮の記述がある。燕人衛満立国から王氏王朝、李氏王朝まで、両国は密接な関係を維持し、その関係は、漢、唐、宋、元、明、清を経て三〇〇〇年近く引き続いている。アジアにおいて、中国と朝鮮の関係は最も重要である。その経済的・文化的関係の深さは、唯一無二のものがある。遼寧、吉林から半島に移転した高句麗と今の中国の朝鮮族は同根同文である。両国は、歴史上積極的な面ばかりがあるわけではないが、主要な面において依存し合い、支持し合い、時には運命を共にしてきた。私たちの感情を称して、親戚、兄弟および朋友と呼んでも決して過言ではない。

一九五〇年から一九五一年までの朝鮮戦争は、半島南北の異なる国家再建思想の衝突であり、第二次世界大戦終結後に米国とソ連が盟友からライバルに転じ、「冷戦」を繰り広げた実例の一つである。中国は、社会主義陣営の一員として、金日成をはじめとする北朝鮮側に立ったのは極めて理に適うものであった。それでも、中韓の間には解決不可能な問題が存在しないし、さらに民族的憎悪も存在しない。過ぎ去った六〇年を振り返って見るとき、この問題は極めて鮮明になってきている。

第三は、南北朝鮮問題である。第二次世界大戦終結後、朝鮮人民は希望に満ちた未来と国家再建という至難な任務に直面していた。日本の降伏受理後画定された「三八度線」を境に、統一朝鮮は、二つに分かたれた。爾来、南北は分断され、互いに対立し、肉親は別離のまま今日にいたっている。平和統一の見通しは、いまだはるか遠くにある。

今日、中国が世界の人民に対して責任を持つ発展途上国として採るべき唯一の選択は、韓国との全面的友好関係を保持しつつ、歴史を尊重し、同一の社会制度に属する朝鮮と伝統的友誼を守っていくことである。中国は、半島の南北の両者が平等協商を経て、民族の大義を重んじ、金日成が生前唱導していた「高麗連邦共和国」の漸進的実現を強く促すものである。およそ軍事的冒険の挙に出て「相手を丸呑み」しようとする構想は、すべからく実現不可能なものであって、時代の情勢に適合するものではない。

第四は、中日関係である。中日関係の歴史を考えるうえで必要なことは、一つは歴史の客観的事実を尊重することであり、二つは両国間の全面的な発展の観点を持たなければならないということである。なによりもまず見ておかなければならないことは、日本が明治維新以来、自国の生存発展のために、福沢諭吉の「脱亜論」によって代表される拡張主義を国策とし、西洋列強の朝鮮・中国の略奪占拠の大合唱に参与したということである。清王朝中期以降の中国の「貧困と脆弱の累積」の局面を前にして、日本は一世紀におよぶ長い期間にわたって蚕食から併呑へと拡張し、侵略を行ない、最後は全面的な中国侵略にまでいたり、一九四五年に失敗に終わった。この基本的な歴史事実は回避の許されるものではない。

中国人民がこの長い歴史の中で味わった辛苦、払った犠牲、受けた屈辱、不義に対して湧き起こる怒りは、すべからく粉飾と無視の許されないものである。日本の政府および国民は、これに対して厳粛に必要不可欠な反省の意を表明した。多くの日本の政治家は、抗日戦争記念館や南京大虐殺記念館に訪れ、犠牲者に対し弔意を表した。また、日本の多くの民間人もこれらの記念館において謝罪をし、痛哭の懺悔を行なった。これらの行為は人間性の覚醒を物語るものである。中国人は、これに対して充分なる理解と肯定的評価を与えた。戦後、米国とソ連の制覇の争いにより、米国を代表とする西側勢力にとって日本の再起が極めて必要不可欠となり、歴史問題に対する検証が徹底的に行なわれることはなかった。そのため、一部分の偏狭な民族主義者の右翼思想や団体が残存し、繁殖し、蔓延した。彼らは、中日の関係改善のための歴史問題の解決に絶えず障害を作り、半世紀以上経った今日でも、一部分の歴史問題はいまだ解決を見るにいたっていない。

中国のメディアの報道には、一面的で、かつ実用主義的な点があった。ある段階では、当時の政治的必要性の現実から、「一衣帯水」を強調し、日本の高度な近代化の発展および文化・芸術を称賛し、歴史を隠蔽した。いわゆる「日本大好き族」がブームになったことさえあった。さらには、反米の必要から広島や長崎の原爆事件を大げさに報道しながら、それが同時に戦争の展開から惹き起こされた悲惨な結果であることを指摘することはなかった。戦争を惹き起こした元凶は、米国やその同盟国ではない。日本の軍国主義が日本国民に曠日持久の不正義の戦争への参加を強要し、最終的に日本国民は悲惨な代価を支払うことになったというのが道理に適った結論と言うべきであろう。

最終的に歴史の傷を癒すには、一つは、政府と人民を厳格に区別しておく必要がある。二つは、中日間の交流の長い歴史において、戦争ばかりでなく、互いに尊重し、互いに学び、進歩発展を共にした明るい一面もあったことも見ておかなければならない。揚州の大明寺を見学すれば、中日友好の使者である鑑真和尚の感動の物語を学ぶであろう。横浜の中華会館を見学すれば、孫中山・黄興・章太炎・蔡元培などの多くの革命の先駆者たちが、いかに日本の友好人士から私心のない援助を得て、反清活動を展開し、中国の民主革命事業の道を切り開いていったかが理解できよう。仙台医学専門学校（東北大学医学部の前身）に行けば、日本の学者藤野厳九郎がいかに中国のために、魯迅をはじめとする民主主義文化の先駆者たちを育成したのかが分かるであろう。同じく、八路軍指導者の轟栄臻元帥が引き取って育てた日本の少女と会う機会があれば、両国が戦っている最中にあっても、一人の中国人将軍が日本の子供たちに対しどんなに寛大な愛情を抱いていたかが理解できるであろう。

二〇世紀前半、中国は日本から経済・科学・技術、さらには軍事面の先進的知識を学んだ。

改革開放以来、中日協力と双方互恵・両得は、中国の近代化の大きな前進に巨大な貢献をした。それはいみじくも、古の過去において、千万人の日本の若者が留学生あるいは遣唐使として海を渡り、長安に来て、唐の先進文化を学び、自国の進歩と繁栄に貢献したのと揆を一にするものがある。

要するに、私たちは「一時期」と「長期」を区別しなければならない。歴史の中で形成された問題は、時代の進歩に従って、両国の努力を通じて、発展変化する歴史の中で必ず溶解していくものである。

今回の会議は、民間団体の役割を強調している。これについては、私も賛同以外の何物でもない。歴史は、元来、人民大衆が創造するものであって、人民が主体者である。政治家は、民衆と結合すべきであり、民衆は一切、無関心な傍観者であってはならない。私たちは、政治家の英知に期待するが、同時に、民衆の参与と創造を軽視してはならない。世界は、すでにグローバル化の時代に入り、人類は数多くの厳しい挑戦に向かっている。論争の的としていまだ残されている歴史的課題は、時間をかけ、研究と共同の努力を積み重ねることによって、必ずや次第に解決されていくであろう。

中国は、自国の受けた苦痛の経験から学びつつ、絶えず対外政策を調整している。中国は、すでに以前から「反帝国主義、反修正主義、アジア・アフリカ・ラテンアメリカ解放と全人類の解放」のような誇大、かつ非現実的な理論を捨て去り、各国人民の自主的選択の尊重を主張し、中華文化の宝庫から「多様性の中の調和と共生」の英知を発掘した。これは治国の良策であり、至宝である。私たちは、これを各国の朋友に捧げたいと思う。「人はすべて兄弟である」。地球共同体は、各国人民の子々孫々の努力を経てこそ実現が可能となるのである。

（翻訳・崔延花）

韓日における過去の歴史を清算するための媒介方策

金　容煥

一　はじめに

二一世紀の世界市民の時代では、韓国と日本は過去の過誤を清算し、未来志向的なパートナー関係を形成していかなければならない。とりわけ、新しい韓日関係を定立していくためには、両国は過去において締結された不合理な「韓日協定」（韓日基本条約、一九六五年）を是正して、互恵的な真実が盛り込まれた新しい協定を締結し、「共生」の関係に生まれ変わっていかなければならない。

なによりも世界市民の時代においては、韓日両国は過去の歴史の問題に決着をつけて、未来志向的な協力関係をさまざまな角度から模索すべきであろう。今や、政治的な方法だけで過去の歴史の問題を解決することが困難である以上、両国の宗教団体や市民団体の相互の交流を通じて、実際的かつダイナミックな媒介方策が模索されねばならない。本稿では、韓日の過去の歴史の清算を目的とする媒介方策について考察を行なうことにする。

　未来の主人公となるべき後代の人々に対して、相互理解を可能とする正しい教育を行なうことが、当面の緊急の課題となる。互いの真実を知らないまま、専ら偏見の目で、一方的に相手方を「悪い」と非難し合うことは慎まねばならない。

　それ故に、韓日両国の過去の歴史を清算するにあたっては、過去の真実を明らかにする作業が先行されねばならない。真実が歪曲されたり、あるいは隠蔽された主体および内容は、互恵的な観点から究明されなければならない。過去の歴史の清算に対する国連の基本的方針は、民主主義社会へ移行する過程において真実の究明を通じて和解を模索することにある。韓日の過去の歴史は、構造的な矛盾によって惹き起こされた犠牲者の痛みに相向かい、相互共同体の法律および制度の整備を通じて清算されなければならない。韓日における歪曲された紛争の歴史は、平和の実現のためのさまざまな社会的装置を築き上げていく過程の中で、真実に基づき新しい究明の光が投じられていかなければならない。

二　韓日の過去の歴史の清算への挑戦

　世界主要諸国における過去の歴史の清算について徹底的に研究したヘイナー（Priscilla B.Hayner）は、二〇〇〇年に、過去の歴史を清算するための基本原則を提示した。「発展中心」

（development-centered）、「効率と公正」（efficient and fair）、「共同体的基盤」（community-based）、「能力の開発」（capacity developed）、そして「治癒と和解」（healing and reconciliation）がそれである。

これらの原則の中で韓日の過去の歴史を清算し得る主要なものとしては、「治癒と和解」の原則を挙げることができよう。過去の歴史の清算にかかる主要な活動には、治癒と和解を目的とする清算の方策が一体となっていなければならない。過去の真実を是正し、過去を治癒し、未来志向に向かって互いに和解し、かつ互いに生かし合っていかなければならない。あらゆる見地から治癒と和解に基づく清算の方策を模索するときにはじめて、未来志向的な原動力を生かすことが可能となるのである。

このように、韓日の過去の歴史の清算は相互発展の原動力となり得るのである。したがって、一九〇五年の「乙巳保護条約」、一九〇七年の「丁未七條約」、そして一九一〇年の「韓日併合条約」はすべて暴力と強制力によって締結されたものであってみれば、真実に立脚して再検討されなければならず、「完全無効」であることの宣言がなされなければならない。

韓日国交正常化（一九六五年）以来、韓日両国の歴史に関して主要な争点となっているものとしては、次のものが挙げられる。すなわち、①靖国神社参拝の問題、②独島（竹島）に対する領有権の問題、③歴史教科書の歪曲の問題、④従軍慰安婦の問題、⑤日本政治家の妄言的発言の問題である。過去の歴史と関係するこれらの問題は、韓日の両国の関係において、長い間、暗い影を落としてきた。

日本帝国主義によって徴用された韓国人が靖国神社に合祀されているのは、解決されるべき最初の課題である。靖国神社のA級戦犯を分祀するか、または第三の追悼施設を建設するなど、新しい解決策が提示されなければならないであろう。

独島の問題についても、感情を排除しながら対応していく努力が必要である。特に、日本国内の政治勢力を緻密に分析し、それぞれの勢力に対応し得る方策を考える必要がある。なによりも、国際政治の重要性を認識しながら、外交関係を考慮に入れ、大局的な流れに沿って多様な対案を講じるべきであろう。

歴史教科書の内容も歪曲されている。「日韓併合の後に設置された朝鮮総督府は、植民地政策の一環として、鉄道・灌漑施設を整備するような開発を行ない、土地調査を開始した」と、日本の植民地政策の焦点が韓国の近代化または開発にあったと記述したり、「多数の朝鮮人と中国人が、日本の鉱山で過酷な条件の下で労働に服さざるを得なかった」と、人の徴用の事実のみが記述され、物資の強制的な徴発は叙述から脱落している。創氏改名の強要も隠蔽されているし、「皇民化政策」についても最初から削除されており、そのため真実に近づくことを一層困難なものにしている。したがって、これらはなによりも是正されなければならない問題である。

その他、従軍慰安婦に対する賠償の問題や日本の政治家が随時、発言する妄言も看過してはならない問題である。さらにまた、韓日両国の過去の歴史をめぐる争点が、どのレベルで解決されるべきものであるかについては、慎重を期する必要がある。争いとなる問題を提起した行為者が、政治家や政府の官僚から団体にいたるまで多種多様な形で存在し、これに対する対応も韓日両国の間において対称（政治家と政治家、政府と政府、団体と団体）または非対称という形で混合し、複雑な様相を示している。したがって、政治的な発言が個人のレベルで行なわれたのか、それとも確固たる不動の政策なのかについて綿密な検討を行ない、対応していかなければならない。

このように韓日両国の過去の歴史の清算には、さまざまな課題が潜んでいる。とりわけ、植民地支配がもたらした諸々の問題に対する実際的かつ即時的な賠償、従軍慰安婦に対する賠償、強制連行の問題などに関する資料の公開とその被害規模を把握するための専門機関の設置、独島の領有権に対する主張の撤回と関係内容の削除、靖国神社参拝の中止と強制的に合祀された韓国人名簿の削除、日本社会における在日韓国人・朝鮮人に対する差別を解消する政策の定立、韓日両国の議会間関係の治癒と和解といった諸課題について、過去の歴史の清算のための未来志向的な解決の方策が深層的に模索されていかなければならない。

三　過去の歴史を清算するための効率的な媒介方策

一九七〇年一二月、西ドイツのウィリー・ブラント首相は、ワルシャワ近郊にあるアウシュヴィッツ強制収容所の慰霊碑の前で雨に濡れた土に跪《ひざまず》き、「神よ、私たちが犯した許されない数多くの罪をどうすればよいのでしょうか。どうぞお赦しください」と、涙声で祈りを捧げた。ドイツ政府は、ユダヤ人の虐殺は人類に反する犯罪と断定し、犯罪関係者を最後まで追跡、逮捕し、裁判に処した。真実の心からなる謝罪と関係者を処罰することによって過去の歴史を清算したのである。

過去の歴史の清算において、西ドイツのブラント首相の誠実かつ真摯な姿勢は、私たちの胸に深く迫ってくるものがある。過去の歴史を清算する媒介方策として「解冤相生《ヘウォンサンセン》」を挙げることができる。過去の歴史を清算しなければ、個人が持っている「恨《ハン》」が心情的に蓄積され、自分自身を苦しめる「対自」攻撃が開始されることになる。その後も解決の兆しがなければ、「恨」は「怨《ウォン》」に発展し、その結果他者に対する「対他」攻撃が始まる。さらに、「恨」と「怨」が克服されず、時間の流れの中で増幅を重ねていくと、集団意識が形成されるようになる。そして、終局的にこれが、集団的な憎悪に変わり、復讐へと発展していくことになるのである。

このような復讐意識の「怨」は、相手に対し「慼《チョク》」を充積させ、無差別的な攻撃をも辞さないという事態を生み出す。したがって、韓日両国における過去の歴史を清算するためには、私的な「悔恨」と公的な「怨望」、そして公共の「冤痛」を解消するための「解冤相生」の媒介方策が必要となる。

さらにまた、われわれは、韓日両国の過去の歴史を清算するいま一つの方策として、「報恩相生」という媒介方策を考慮に入れることができよう。「報恩相生」は、未来志向的に恩恵を施すことによって、人々が現実生活の中で「共生」できるように積極的に導いていく媒介方策である。相互の生命の価値を尊重し、「報恩相生」を実践すれば、互恵的な親密性が公共性へと発展し、最終的には未来における本来の姿の回復という道が導かれることになる。

このような観点は、「相互主義の共同体」という意識と深く結びついている。一切の生命のエネルギーを「恨」と見なし、相互の業務を生命のエネルギーを媒介する「恨」と相通ずるものにすれば、敵対関係にある事柄も相互に補完し合い、相互の発展が共どもに促進されることになる。「報恩相生」の媒介方策は、過去の歴史を清算する際に「互恵主義」の役割を果たしつつ相互を結びつけ、共に幸せを享有する「共福」を生み出すことになる。これを通じて、相互を排斥するエネルギーは、相互を生かし合う共生のエネルギーに転換が可能となるのである。

四　終わりに

一九六五年に締結された「韓日基本条約」では、一九一〇年に締結された「韓日併合条約」が完全無効であるとの宣言はなされていない。したがって、なによりもこの問題について再検討を加える必要があろう。過去の歴史を清算する作業には多様な課題が存在する。その中でも最も重要なことは、賠償金の算定に恐るべき遺漏があるということ、さらにまたこの条約が日本がフィリピンやインドネシアと締結した条約の内容に比べて極めて不平等なものであり、これは一刻も早く解決されるべき課題であるということである。また、一九九一年、南北朝鮮は国連に同時加入することによって、北朝鮮が蒙った被害を新たに包含させる必要性が提起されるなど、「事情変更」の要素が存在しているので、再び協議を行なうよう要請しなければならないであろう。

独島は、歴史的・現実的・法律的に大韓民国の領土である。日本は、独島を竹島と表記しながら、自国の領土であると固執している。ドイツの媒介方式を受容したうえで、虚心坦懐に過去の歴史を反省しなければ、真の意味の治癒と和解の時代は開かれない。韓日両国における誤った過去の歴史を清算し、今後の世界市民の時代に向けて、両国が新たなパートナーシップ関係を構築していくためには、去る一九六五年に締結された「韓日基本条約」の再締結が不可避である。
私たちは、過去の歴史を清算する媒介方策として、「解冤相生」の媒介の方策と「報恩相生」の媒介の方策に関する史料を集め、その方策を具体化させることによって、過去を治癒し、未来志向的に和解し、相互の融和を図り、相互を生かすことが可能となる。過ちに対する執着的な偏見を自ら治癒し、大乗的な治癒と和解に基づいて相互を融和に導く方策を多方面にわたって講じてはじめて、未来志向的な原動力を生かすことができるのである。韓日両国の未来志向的なパートナーシップの関係は、共生意識に基づいた媒介方策を整備するその時に随伴して成熟した変化が生じるのである。

（翻訳・金永完）

歴史を鏡とし、未来を志向する

――歴史における多年の怨恨を克服するために――

華　夏

一

中・日・韓三カ国は、いずれも東アジアに位置し、人々は好んで「一衣帯水」（中日関係）とか、「鶏犬相聞」（中韓関係）などの言葉で三カ国の近隣関係を形容している。地理的近さは、三カ国の往来に極めて便益な条件を提供している。古の過去から、三カ国間において文化・経済・貿易の往来が非常に頻繁に行なわれ、それぞれの国の発展を促し、「鑑真東渡」などの数多くの佳話を残している。最も重要なことは、この上なく輝かしい東アジア文明を作り上げたことである。学者の中には、「世界文明の歴史において、おそらく、東アジア文明のようにほぼ二〇〇〇年に近い歴史の発展の中で、全体的に調和のとれ、安定し、平和的で、友好な善隣関係の環境を維持しつつ、広範囲にわたる文化交流を中心として、東アジア三カ国が国家レベルで相互の認知を推し進め、三カ国の国民が経済・文化・宗教信仰・生活風俗の分野において普遍的な交流を行ない、自国の民族の文化的資質を向上させた東アジア文明に匹敵するような第二の文明を見出すことは、おそらく極めて困難であろう」と考える者さえいる。

しかし、日本の「明治維新」から今日にいたるほぼ一世紀半に近い期間において、三カ国間の関係に大きな変化が起こった。とりわけ日本が惹き起こした侵略戦争は、三カ国の国民に甚大な損害を与え、平和共存と相互発展の場を破壊してしまった。さらに、恐るべきことは、戦争が終わって相当の期間が経過しているにもかかわらず、その暗い影は依然として存在し、各国間の正常な往来に極めて甚大な障害をもたらしているということである。例えば、米国の仲介にもかかわらず、韓国と日本の国交正常化の交渉は一三年八カ月という長い時間を必要とした。中国と日本の国交正常化も、一九七〇年代にいたって漸く実現できた。また、中国と韓国は一九八三年の中国民航ハイジャック事件の解決の際、互いに初めて「大韓民国」、「中華人民共和国」の名称を正式に使用した。

三カ国の関係が正常化の道を歩み始めてからも、歴史の暗い影は、依然として消え去ることがなかった。日本と中国および韓国における「靖国神社」問題や教科書改竄問題、中韓間の高句麗王国の位置づけ問題などの歴史的問題は、領土にかかわる紛争などの現実的問題と絡まりあって、三カ国関係の発展を大きく阻害するものとなっている。

憂慮すべきことは、これらの問題が常に民族感情と結びついて、各国国民の間に重大な負の影響を与えていることである。その直接的結果として、グローバル化と地域化が時代の流れとなり、各国がますます近接化している今日、三カ国について言えば、近づけば近づくほど、衝突が多くなっており、その上、三カ国の国民感情は経済などの面における往来の増加と正比例していないということである。西側メディアのジャーナリストは、開幕したばかりのサッカー・ワールドカップを観察し、アフリカの国々の国民は、同じ大陸のチームが獲得した好成績に欣喜雀躍しているのに対し、他方、アジアの国々の国民は、同じ大陸のチームが獲得した好成績にまったく無関心であったと述べている。アジア全体の範囲からアジア各国はいずれも、地域・人種・文化などの相違から全体的連帯感が乏しいと言えるとすれば、同じ東北アジアに位置し、人種や文化などの面において非常に近い関係にある国々の間で示された冷淡、嫉妬、さらに言えば、反感は深く考えてみなければならない問題を秘めている。

さらに、不安材料を提供しているのが、「調査対象の年齢が低くなればなるほど、隣国関係に対する否定的態度が大きくなっている。それは、中・日・韓とも異なることはない」というアンケート調査結果である（韓国東北アジア歴史財団）。日本の若者は、中国は地理の面では近く、心の面では遠い国だと思っている。二〇〇二年一〇月、『*International Herald Leader*』（国際先駆導報）による「中国人が一番嫌いな国についてのインターネット調査結果」によれば、調査を受けた一万二〇〇〇人のうち、四一％の人が一番嫌いな国は韓国だと答え、三〇・二％

の人が一番嫌いな国は日本だと答えたという。

これからも明らかなように、歴史的問題はすでに各国の国民感情に甚大な害悪を惹き起こしている。この難問をいかに解決すべきか、筆者はこれについて少なくとも以下の諸点を挙げることができると思う。

二

1、二千年友好、五〇年対立の事実を強調すべきである。

中国の元国務院総理であった周恩来は、中日国交回復の際、中日両国は「二千年友好、五〇年対立」と指摘した。その意味するところは、歴史を研究し、歴史を振り返るとき、対立の面だけを見てはならず、必ず友好の面も見なければならない、すなわち短期的状況だけを見るのではなく、長期にわたって主流を成した状況を見なければならないということである。

全体的にみて、東北アジア三カ国関係はまさしくそうした状況にあった。ある歴史段階においては、侵略する者と侵略を受ける者の歴史的事実が発生し、一カ国の行為が他の国とその国民に甚大な災難をもたらした。その一方、長い歴史の河の流れの中では、暗黒な時はわずかな期間であって、むしろ平和共存と友好往来が主流を占めていたのである。惨痛な教訓を忘れることは愚かなことであるが、そうかと言って、一時期的なものにとらわれ、意識的にせよ、無意識的にせよ、長い歴史の中の恩恵を無視することは利益にはならない。各国国民、とりわけ若者の間に友好交流の事実を広く知らしめることは、全面的、かつ正確な歴史観の形成に役立つものと思われる。

2、歴史を鏡として見るべきであって、重荷と見てはならない。

　歴史は、これを削り落とし、再び磨き上げるということができないものであってみれば、歴史を直視し、尊重することによってのみ歴史の中から経験と教訓を汲み取り、よりよい未来を目指すことが可能となる。それと反対に、歴史を抹殺し、歪曲し、忘却の彼方に押し遣《や》ることは各国間において不和を惹き起こし、国民感情を損なうだけでなく、未来の発展に極めて大きな障害を招来させることになる。

　歴史が証明しているように、侵略戦争は被害国に甚大な損害を与えるのみでなく、同時に侵略国家にも恐るべき損失をもたらす。第二次世界大戦の終結後、侵略された中国と韓国は言うまでもなく、戦争を惹き起こした日本も、すべてが荒廃し、国土は見渡す限り焦土と化した。経済は深刻な打撃を受け、国民の生活は極度の困苦に陥った。

　それに対して、善隣友好であったほぼ二千年の間、東北アジア地域の各国の国民は相互に友好往来を通じて、互いに有無相通じ、自国の各分野の発展の大きな原動力となり、自国民の文化的資質を向上させ、比類なく輝かしい東方文明を共に手を携えて創造し、全人類の精神文明と物質文明の発展に偉大な貢献をなしたのである。

歴史を一面の鏡と見ることは、過去を見つめ、未来を考えるうえで有益であるのみならず、歴史の重荷を捨て去るうえでも大きな力となるであろう。

3、相互の理解を深めるべきであって、個別事件に左右されてはならない。

疑う余地もなく、近年、中国、韓国と日本の間には長きにわたり歴史問題が心の傷跡となり、現実的な問題に直面するたびにその傷跡が表面に飛び出してくる。とりわけ、歴史教科書や靖国神社などの問題は、三カ国国民の感情悪化の元凶となり、国民間の対立の導火線となっている。

この困難な問題の解決については、いくつかの方法が存在し得るが、筆者の理解するところによれば、相互の理解を深め、互いに思考の仕方の相違について理解することが問題解決のうえで不可欠な要素の一つである。

例えば、中国人が何故にこれらの問題についてそれほどまでに憤怒を覚えるのかを理解するためには、中国人の立場に立って問題を考える必要がある。

中国人は、骨髄に徹する恨みを表現するときは、常に「不倶戴天の仇」と形容する。どのような恨みが骨髄に徹するのか。それは父殺しの仇である。儒教経典『礼記』「曲礼」に復讐三原則がある。すなわち、「父の仇は共に天を戴かず、兄弟の仇は兵に反らず、交友の仇は国を同じくせず」である。その最初にあるのが、父親殺しの仇であって、仇を殺さないと心が晴れないのである。もう一部の春秋経典『春秋公羊伝』にも、復讐の四大原則が示されている。「父不受誅、子復讐可也」がそれであるが、「不倶戴天」より峻厳の度合は強い。孝道から言って、中国人は父親の代の仇に対して忘却することは許されない。第二次世界大戦時、日本が中国に対して行なった侵略は、当時の中国人に甚大な損害をもたらしただけでなく、戦後に生まれた中国人にも磨滅できない怨恨を残した。

しかし、第二次世界大戦後、中国政府と国民は徳をもって恨みに報いる道を選択した。特に侵略戦争を惹き起こし、発動した張本人と一般国民とを区別して扱い、一般日本人も戦争の被害者と見なし、恨みを戦争犯罪者に集中させたのである。京劇の大家梅蘭芳は第二次世界大戦の際、日本人と汪兆銘による傀儡政権のためには絶対に公演しないと決意し、その証として鬚《ひげ》を蓄え、その意志は盤石のごとく堅かったが、一九五六年に他の京劇芸術家と共に日本を訪問し、日本国民のために公演を行なった。梅蘭芳の公演というこの事実から、中国人のこの態度を明確に読み取ることが可能であろう。

一部の日本の政治家の中には、幾つかの歴史問題を自己の利益獲得の道具として利用する者もいるが、そうした時に、積もり積もった歴史の怨恨が自然発生的に顕現するのである。自分の国に残酷な災難をもたらした戦争を美化し、父親世代の無数の人々を殺害した戦争犯罪者を祀ることは中国人にとっては到底受け入れることのできないものである。とりわけ日本の若い世代は、日本国内の事情がよく分からず、それだけに過激な行動に走りがちであるが、このことが両国国民の感情を傷つけることになるのである。

同様に、日本人の考え方を理解するには、日本社会の角度から物事を観察しなければならない。実は、日本の事情をよく理解できる中国人から見れば、国民相互間の衝突は日本の政治上の操作のために勘定を払っているように映るのである。日本の政治家の、いわゆる「失言」は、多くの場合、意図的な政治的手段であって、かなりの人が右に偏った選挙民の支持を得るため使っているのである。また、一九七〇年代に、日本の靖国神社は突然、東条英機ら死刑囚七名を含むA級戦犯の一四柱を合祀したが、これは戦死者将兵の遺族の対立感情を押さえる日本政府の緩和手段であった。しかし、この結果、三〇年余の長きにわたり一進一退の外交戦が始まった。日本国外から見れば、日本が軍国主義の復活を図っていることになり、日本国内から見れば、外国人が日本政府に戦死者に対する追悼の意を捧げる機会を与えないということになる。このような「他者に耳を傾けない」独善的な対立抗争の中で最大の利益を得るのは、日本の一部の政治家でしかない。(*1)

歴史問題を取り扱ううえで、相手の立場をよりよく理解しようとする態度は、不必要な対立を緩和し、解決するうえで役立つことになろう。

4、正しい歴史観の樹立が必要である。

日本の「新しい歴史教科書をつくる会」の名誉会長、西尾幹二は、二〇〇一年発刊の編著『新しい歴史教科書「つくる会」の主張』第一章「韓国の人々への手紙」の中で日本は自国の歴史を持っており、同じく韓国も自国の歴史を持っていると強調し、国家主権を理由に、日本の歴史記述に対する韓国人の批判や修正意見を拒絶した。私は、この観点は成り立たないだけでなく、東北アジア各国の関係、とりわけ各国の国民感情の交流を損なう極めて有害なものであると考える。人間は、孤島で独りで生きていけないし、民族や国家の場合も同様である。一カ国の対外行為は、当然、一定の影響を他に波及させるものであって、特に他国および他国民に甚大な損害を与えた侵略行為の場合、一カ国の立場のみから説明できるものではない。このような視点からすると、日本の歴史は日本一カ国の歴史であると同時に、アジアの歴史の一部でもある。さらに的確に言えば、世界史の一部分でもある。

したがって、歴史問題が今日の世界にもたらす危害を避けるためには、中・日・韓三カ国は充分な主権を有する独立国家ではあるが、同時に共同の歴史を共有しており、それ故歴史を直視し、後代の人々の覚醒に資するために歴史の本来の姿を残しておくことが各国の関係の発展と各国国民の感情の増進にとって必要不可欠であることを認識しなければならない。自己の主張のみを一方的に強調し、他者の立場や感情に対し考慮を払わないのは、およそ科学的な態度とは言えない。

三

二〇世紀後半から、中国、韓国および日本は相次いで著しい経済発展を遂げてきた。現在、三カ国の経済総量（ＧＤＰ）はアジア経済総量の七〇％を占め、世界経済の中でも非常に重要な地位を占めている。また、三カ国は地理的に近く、経済において互いに補い合い、遠い過去から交易往来の伝統を維持してきている。

経済のグローバル化、そして地域経済の一体化がすさまじい勢いで進んでいる今日の世界において、中・日・韓の三カ国がある種の協力を強化することは、各国の経済発展の促進にとって極めて有益である。それにもかかわらず、過去の幾十年の間で、ヨーロッパ、北アメリカ、さらにはアジアの一部分の地で様々な共同体が樹立されているのと比べると、中・日・韓三カ国のこの面における努力は明らかに劣弱である。これには、勿論、幾つかの複雑な原因が含まれているが、それにしても歴史問題が惹き起こしている障壁がその重要な要素の一つであることは認めざるを得ない。

近年、中・日・韓三カ国の指導者は協力を重視するようになった。二〇〇八年一二月に開催された中・日・韓首脳会議で、三カ国のパートナーシップを確立し、三カ国首脳が単独で首脳会議を開催するメカニズムを構築した。これは、三カ国間の協力が新しい発展段階に入ったことを意味している。二〇一〇年五月、三カ国首脳会議はさらなる前進の一歩として「二〇二〇中・日・韓間経済協力の展望」を採択し、三カ国指導者は歴史を直視し、全面協力・善隣互恵・共同発展に向かって歩みを進めることを確認した。それと同時に、中・日・韓三カ国が経済における協力の強化を議事日程に取り入れ、関連の調査研究が開始された（二〇一二年に、中・日・韓自由貿易圏に関する研究の完成予定など）。このような傾向は、まさしく世界の発展の情勢と歩調を共にするものであって、その実現は中・日・韓三カ国の発展を促進し、最終的には三カ国国民に幸福を招来させるものとなろう。

しかしながら、この目標の達成は決して順風満帆ではなく、数多くの問題や対立がその発展を妨げるに違いない。歴史問題および歴史問題から惹き起こされる対立や衝突が、目標達成の過程に必ず負の影響を与えることは想像するに難くない。したがって、これに対しては、私たちは必ず歴史を鏡とし、未来に眼を向け、歴史を直視し、闘えば両者は互いに損害を共にすることとなり、協力すれば共に勝者になるということを充分に認識しておかなければならない。私たちは、未来を志向して、相互の理解を深め、歴史問題がもたらした負の影響を最小限にとどめ、東北アジアの美しい未来を共に手を携え創造していかねばならないのである。

【註】

＊1　薩蘇『与「鬼」為隣——駐日中国人エンジニアの目の中の日本と日本人』文匯出版社、二〇〇九年、一六一頁・一七二頁。

（翻訳・崔延花）

心の傷を癒すために、新たなる発足を

山崎龍明

一

平和を願うということは、一つの能力である。思想でもある。そして、これはすべての人間が共有しなければならない命題である。

人類は恒久の平和を願っている、という認識がある。しかし、すべてがそうであるわけではない。常に平和を疎外して利を得ようとする人間がいることも、我々は充分認識しておかなくてはならない。

そして、そのような人々の誤りについて指摘し、その誤りを克服していかなければならない。周知の通り、二〇世紀は「戦争の世紀」と言われてきた。世界中で戦争が起こり、大小二五〇の戦争があり、およそ二億人の人々が犠牲となったとも言われる。

このような数字になれてしまっている我々ではあるが、この数字にあらためて愕然とすることがある。二一世紀は平和の時代に、と言われていたが、結果は、周知のように、新世紀の幕開けがあの、あまりにも悲惨なアメリカ同時多発テロ事件と称される出来事からであった。

以後、世界は相変わらずの混乱と混迷の中にあることは言を俟《ま》たない。戦争の世紀から平和の世紀へという人間の願いは、新世紀早々に裏切られ、我々はしばしば絶望の淵に立たされる。

しかし、また、その理由は複雑な国家間の問題によるものでもある。そのいずれもが、人間によってなされたものであり、天から降って湧いたものではない。人間によってなされた誤りは、人間によって修正しなければならないし、また、それが可能であることを、我々は深く銘記すべきである。

戦争は天災ではない。人間の根底にある欲望、憎悪、排他といった心性から引き起こされるものである。フランスの哲学者、アラン（一八六八―一九五一）は第一次、第二次世界大戦に従軍し、復員した。第一次大戦には志願兵として、第二次大戦にはナチスに対するレジスタンス運動として参戦した。名著『芸術論集』の作者としても知られている彼は、「人間以上に有用なものはない、人間以上によいものはない、しかも最大の不幸は人間から来ることだ」と述懐している。

「最大の不幸が人間から来るなら、最上の幸福は純粋な人間性の自覚によって可能となる」

と、仏教者松原泰道氏は指摘する。この場合の「最大の不幸」とはあらゆる戦争を意味していることは、言うまでもない。戦争は人間が引き起こすものである以上、人間が止めさせなければならない。それが、人間の最低限度の倫理であると言っても過言ではない。

二

本年は広島、長崎に原子爆弾が投下されて六五年目にあたる。本年で二六万九四四六人の死者名簿が広島の慰霊塔に収められた。本年の式典（八月六日）には、アメリカ駐日大使が出席し、核保有国のイギリス、フランス、そして、国連事務総長も初めて出席した。

画期的なことではあるが、これをただイベントに終わらせてはならない。核兵器廃絶へ向けての広島発のメッセージとして、世界に位置づけることが肝要である。

戦争はただ被害と加害という一面だけから論じてはならない。人類最大の愚行、蛮行である戦争は、一たび引き起こされたら修復不能な傷を、無数の人々に、しかも永久的に負わせるのである。癒しがたい禍根は代々うけつがれ、憎悪の連鎖は永遠に続くのである。

日本は大陸に侵略し、悪行の限りを尽くした過去を持っている。修復不可能な傷を負わせながら、その事実に目をつぶり、いや、正当化するような人々が存在することも周知のところである。私が、日中国交回復後まもなく訪中した際、通訳の季氏が言った一言が、忘れがたいものとして私の胸に残っている。三〇年間私はその言葉の重みを問い続けている。

　過去を赦しましょう。しかし忘れることはできません。

私が今、永久に「修復不可能な傷」と言ったのは、この言葉が根底にある。今、最も恐れられている兵器の一つに核兵器がある。これほど核不拡散が叫ばれるにもかかわらず、核は拡大しつつある。核が拡散する世界には、人類の未来はない。したがって、今もない。武器は決して人間を安らぎに導かない。底のない不安と恐怖におとし入れるだけである。

　恐れが生じたから武器を持ったのではない。

　武器を持ったから、恐れが生じたのである。

とは、ブッダの言葉である。一度手にした武器を手放すことは容易ではない。なぜなら人間は武器の魔力に呪縛されるからである。

三

過去の悲しい歴史を清算することは不可能である。できることはその歴史の上に立って新しい歴史をともに築くことである。そこから必ず未来が開かれることを、私は確信する。

一九四五年以降六五年、このことは論じられてこなかったわけではないが、積極的な実践課題となってこなかったことに問題がある。ロジャー・エチガレイ枢機卿は「皆さんは、確かに宗教と平和との絆を模索されている。しかし気になることがある。何か同じことを繰り返している気がする。同じ仲間が出会い、会議を持ち、満足している」と指摘した。

ここには、ともすると、平和を論ずることに終始し、満足し、そこから一歩も出ようとしない我々に対する痛棒であると、私はうけとめる。氏は「悪循環を断ち切ることが必要ではないか。大事なことは、最も難しい対話を実現していくことだ。政治と宗教の対話。軍部と宗教との対話。相反する者同士の対話を個人レベルで促進していくことが求められている」とも述べている（第六回世界宗教者平和会議（WCRPⅥ）、一九九四年）。

さらに、氏はWCRPの特質について、東洋における非暴力の精神の可能性に着目し、「それはまだ種のように小さいが、将来最も大きく美しい木にしてほしい。すべての人類がその木の下で集えるように」と指摘し、期待感を示された。

我々は過去の罪責を永遠の課題として担いつつ、世界平和実現のために日本の有する憲法第九条を担保したいと思う。

日本国民は、正義と秩序を基調とする国際平和を誠実に希求し、国権の発動たる戦争と、武力による威嚇又は武力の行使は、国際紛争を解決する手段としては、永久にこれを放棄する。

そして、第九条第二項には「前項の目的を達するため、陸海空軍その他の戦力は、これを保持しない。国の交戦権は、これを認めない」と規定している。

「戦争の放棄」と「軍隊」の不保持による、永久平和国家の宣言である。本憲法前文には「われらは、いづれの国家も、自国のことのみに専念して他国を無視してはならない」「日本国民は、国家の名誉にかけ、全力をあげてこの崇高な理想と目的を達成することを誓ふ」と力強く宣言している。あまりにも悲惨な過去の歴史からもたらされた懺悔が、本憲法の制定につながっていったのである。

本憲法の精神は「(仏の歩まれるところは) 国豊かにして、民安らかであり」「兵戈（武器と軍隊）用いることなし」というブッダの金言と合致するものである。私は「兵戈無用は仏の根本意志」であり、全宗教を一貫する平和の理念として躊躇なく宣揚したい。

世界に冠たる「戦争放棄」をうたった九条精神は、人類恒久の至宝であり、悲願である。しかし、本憲法の制定をめぐっては議論のあるところも周知のところである。が、悲しい歴史の中からうみだされた「戦争放棄」の思いは、深い罪責とともにある。この事を措いて、傷ついた人々を癒すことは永遠にない。

四

最後に私は、平和のために私たちは、なにをなしうるか、ということについて考えてみたいと思う。人間一個の力はきわめて微弱である。しかし、それが横に、縦につながりをもった時、素晴らしい力を発揮する。

地域を超え、民族を超え、国家、歴史、文化等を超えて、その中に最大公約数を見出していくことこそ、人類の平和を希求する人間の最も尊厳なる営みと言えないだろうか。まさに「平和共同体」樹立のために、可能な限り力を発揮しなければならない。それは、二一世紀の地球共同体、地球号に乗り合わせた全人類の責務であると言ってもいい。

地球の存続のためではない。人間のためでもない。人間そのものの尊厳性を喪失しないためにである。その尊厳は人間を超えた真実なるものによって醸成され、開花し、人間に根源的な倫理をもたらすものである。

「今戦争の危険を前にして、人間が変わるために、戦争を絶対に起こさないという決意を持つために、人間自身の力だけでそれが可能であるという過信、おごりを捨てなければならない」「戦争はまた人間に対する冒瀆」であり、「人間の最も大切な権利を損なうことに連なって」いる、と白柳誠一枢機卿は指摘する。

我々がいかに「人種、皮膚の色、言語、生活、習慣、文化、宗教、ものの考え方」の違いを超えて、互いに敬愛することができるか、ということに平和の問題はかかわっている。

この互敬を実現する最も有効な方法が、対話にある。最初からその不可能性を問題にするよりも、先ず、対話の条件を探り、整え、試みることである。困難な対話の中からこそ、ほんの少しの光明が見えてくる。その積み重ねが大きな力となり、大いなる平和実現のうねりとなることを、私は願う。まさにその時である。いのちの闇の中にあって初めて、光（真実）は輝くのである。

韓日の過去の歴史における紛争を根本的に解決する道

金　承国

「庚戌国恥」（韓日強制併合）一〇〇年を迎えた二〇一〇年八月二九日に際し、韓国と日本の間における過去の歴史をめぐる紛争の根本的な解決の方策を、以下のように提示したい。

一　天皇―天皇制

1、天皇制による植民地支配について謝罪すること

一九一〇年に朝鮮を強制併合して、朝鮮を三六年間にわたって植民地化し、種々様々な搾取を専断した背後には、天皇―天皇制が存在する。したがって、天皇―天皇制による植民地支配に対し公式的な謝罪を行ない、それに相応しい法的措置が講じられなければならない。

2、天皇の戦争責任を認めること

近代日本の天皇制による戦争責任は、明治天皇の侵略行為を含め、これを対象としなければ

ならない。明治維新以後、征韓論を主張していたすべての日本人と「武装した天皇」（明治・大正・昭和天皇）の戦争責任については、「象徴としての天皇」（現在の天皇）はすべてこれを告白しなければならない。天皇はまた、戦争責任を認めるとともに、これに関係する措置をすべての戦争犠牲者と戦争犠牲国（南北朝鮮）に対し講じなければならない。

日本人の多くは、天皇の戦争責任を明確に認めておらず、戦前（一九四五年の敗戦以前）の歴史についての言及を忌避し、戦後（一九四五年の敗戦以後）の経済発展を強く肯定する態度が身についている。何故に日本人は戦争責任についての自覚が低いのか。その理由は、天皇の共犯関係を絶対に認めようとしない意識が日本人の間に広く蔓延している点にこれを見出すことができる。(*1)

一九八九年一月、日本の朝日新聞社が行なった世論調査によると、全体的に、天皇に戦争責任が「ある」と答えた人は二五％、「ない」と答えた人は三一％、「何とも言えない」と答えた人は三八％を占めている。(*2)

このように天皇の戦争責任に対し自覚症状の乏しい日本人の意識は、変わらなければならない。『大日本帝国憲法』第一一条には、「天皇ハ陸海軍ヲ統帥ス」と定められているが、このような統帥権の行使の問題こそ戦争責任の核心となるものである。「陸海軍」に対する「統帥権」は、天皇のみがこれを行使し得るものとして定められている「大権」であり、その内容は、大日本帝国憲法が発布される七年前に明治天皇によって下された『軍人勅諭』の中に見出すことができる。「夫《それ》兵馬の大権は、朕《ちん》が統《す》ぶる所なれば、其司々《そのつかさづかさ》をこそ臣下には任すなれ、其大綱は朕親之《みずからこれ》を攬《と》り、肯《あえ》て臣下に委《ゆだ》ぬべきものにあらず」。換言すれば、「大権」としての「統帥権」は、憲法に先んじて、憲法以外の「法律」において定められているのである。「立憲君主」を理由に、この「統帥権」行使の責任を免れることはできないのである（＊3）。

このように天皇の戦争責任が極めて重大であるにもかかわらず、天皇を平和の司祭や神官と見なす「平和天皇」という虚像が日本社会に拡散している。特に日本の右翼勢力は、「大東亜戦争」を美化するとともに、天皇の象徴的な側面を強調し、「平和天皇」の虚像を流布すると同時に、天皇の戦争責任を否認しようとしている。

日本は、天皇—天皇制の戦争責任を認めて、植民地支配を行なったことに対して謝罪するどころか、靖国神社に合祀されている朝鮮人の名簿の返還を要求する遺族の哀願を無視する蛮行を犯している。

二　朝鮮半島の分断に対する日本の責任

朝鮮半島における日本帝国主義の三六年間にわたる支配体制は、その後も分断体制という形で続けられていくことになる。朝鮮半島の分断は、一九四五年、日本の敗戦とともに日本軍の武装解除のためにそれぞれ朝鮮半島の南と北に進駐した米軍とソ連軍によって惹き起こされたものである。したがって、日本は朝鮮半島の分断に対する責任を認めなければならない。日本が朝鮮半島の分断に対する責任を認めるならば、当然、南北朝鮮の統合のために努力を払うべきである。それにもかかわらず、日本はむしろ朝鮮半島の分断の固着化に専念している。文禄の役から一九四五年までの数百年間にわたって無数の朝鮮人を拉致してきた日本が、北朝鮮による拉致事件――北朝鮮が数人の日本人を拉致した事件で、北朝鮮はこの事件に対し公式的に謝罪した――を政治的に悪用するような卑劣な行為を今もなお演じ続けている。

三　朝鮮半島の分断と親日派

朝鮮半島の分断に対する最も大きな責任は、宗主国であった日本にある。そして、米軍政を背景にして分断体制を推進していった最大の勢力は、親日派（＝親米派）の人々であった。日帝時代において天皇に対し忠誠を誓った親日派は、朝鮮半島の解放と歩みを共にして仮装民族主義者となった。彼らは、米軍政の開始とともに、親米派に変貌するが、これは政治的・思想的「転向」ということになる。親日派や親米派が自らの既得権を擁護するうえで頼りとした最も大きな杖柱は、「反共主義」以外の何物でもなかった。実際に、「親日」・「親米」・「反共」は類似し、相互に重なり合うものであって、韓国現代史を装飾する保守・右翼・反動の政治的イデオロギーの核心そのものを形成するものである(*4)。

朝鮮半島の分断に原因を提供したのは、日本だけではない。親米派に転向した親日派が、反共主義のイデオロギーを通じて分断体制を強化したのである。それ故に、韓・日両国の過去の歴史の清算は、私たち自身の問題であり、私たちの社会の中で生活している親日派の問題なのである。

さらにもっと大きな問題は、親日派が朝鮮時代の支配層である「西人―老論」につながっているという点であり、それ故親日派に対する歴史的な清算作業が要請される理由もここにある。

日帝からの解放後に樹立した李承晩政府は、親日派に対する人的清算を行なわなかったので、「老論―親日派」を温存し続けることになっただけではなく、彼らの相当数は親米派となり、韓国社会の主導勢力を構成するにいたった。老論の「慕華」が親日派の「慕日」や親米派の「慕美」に変貌し、崇慕の対象が中国(華)―日本(日)―米国(美)という形で転換されただけであって、外国勢力(宗主国)に「事大」するという「態度」はそのまま保持されたのである。そのような態度を取る「胴体」の元祖たるものが、光海君(一五七五―一六四一)の中立外交の脈絡を切断してしまった「仁祖反正」(一六二三年)の主導勢力の西人であった。これらの西人の中でも崔鳴吉の主和論を挫いた斥和派こそ、元祖の中の元祖である。換言すれ美」につながる事大主義によって、自主独立の外交が断裁されるという歴史の流れが形成され、この歴史の流れは、今もなお変わることなく流れ続けているのである。このような数百年にわたる「反自主的な歴史」は、いかにして清算すべきであるのか。さらにまた、南北朝鮮は、いかにして統一すべきであるのか。

四　日米安全保障条約―日米同盟体制

マッカーサーは、日本の占領をできるだけ抵抗を受けることなく遂行する必要から裕仁天皇の戦争責任を免責し、東京裁判（極東国際軍事裁判）で問題として取り上げられないようにあらゆる手段を講じた。新憲法（現行日本国憲法）を「裕仁」の名によって公布させたのも、これと揆を一にするものであった。この意味において、「裕仁」の戦争責任に対する免責は、朝鮮戦争の渦中で締結されたサンフランシスコ講和条約と連動していた日米安保条約体制を裏づける重要な政治的な基盤となったのである。そして、このことは国家としての日本の戦争責任を曖昧にすると同時に、戦争の相手国や地域に対する戦後補償の問題をも曖昧にすることになったのである（高橋哲哉、二〇〇九年、韓国語版、一四〇―一四一頁）。

このように、天皇の戦争責任の免除は日米安保条約―日米同盟の政治的基盤であり、日米同盟は朝鮮半島の分断において軍事的な砦の役割を果たしている。朝鮮半島の分断に責任のある日本は、この問題の解決に努めるどころか、日米同盟を強化することによって分断の固着化に関心を集中させている。日本は、北朝鮮がテポドン・ミサイルを発射して以来、北朝鮮脅威論を口実に軍事大国化の道を歩みつつある。北朝鮮のミサイルや核武器が日本の安全に対して脅威を構成するという北朝鮮脅威論を表面に掲げ、自国の軍備拡大と軍事大国化を進めているのである。日米同盟は、この事実を裏づけるものである。このような日米同盟による「北朝鮮を崩壊させるための安全保障戦略」は、朝鮮半島の情勢を悪化させ、分断の克服や統一を遅らせる重要な要因となっている。

日本は、朝鮮で行なった植民地支配に対し真の意味において謝罪の意志を持っているならば、朝鮮半島の分断体制を強化させるような日米同盟から離脱しなければならない。

【註】

＊1 윤건차 지음、정도영 옮김『현대 일본의 역사의식』（現代日本の歴史認識）ソウル、한길사、一九九〇年、二九八—二九九頁。

＊2 최상용「천황과 헌법과 자위대」（天皇と憲法と自衛隊）『亞世亞研究』第八五号、一九九一年一月、七〇頁。

*3 임성모 訳『역사인식 논쟁』ソウル、東北アジア歴史財団、二〇〇九年（高橋哲哉編『〈歴史認識〉論争』作品社、二〇〇二年。）

*4 윤건차 지음、박진후 외 옮김『교착된 사상의 현대사』（膠着した思想の現代史）파주、창비、二〇〇九年、七九頁・一二五―一二六頁。

【参考文献】

■이덕일『教養韓国史（三）』ソウル、ヒューマニスト、二〇〇五年。

（翻訳・金永完）

第二セッション

東アジアの平和共同体の構築と国際社会の役割

東アジア平和共同体の建設と国際社会の役割

伊藤成彦

一　東アジア平和共同体建設のために　前提①――日本帝国の「過去」の清算

私は日本人であるから、日本人が東アジア平和共同体の建設に参画するには、先ず、「過去」の清算が必要である。

今年、二〇一〇年は、大日本帝国が一九一〇年八月二二日に大韓帝国を強制的に併合し、植民地として支配を開始してから一〇〇年、一世紀になる。しかし、日本帝国の大韓帝国に対する「併合」は、一九一〇年八月に突然、行なわれたのではない。一八七六年二月の日朝修好条規の強制以来、日本帝国は周到な計画に基づいて大韓帝国の強奪を狙っていたのである。

例えば、一八九四年に朝鮮の朝廷の改革を求めて蜂起した東学農民軍の制圧を巡って清国と対立するや、日本は清に戦争を仕掛けて勝利し、清の勢力を朝鮮から追い出し、同時に日清戦争後、ロシアに接近した高宗の妃、明成皇后を一八九五年一〇月八日に弑《し》害《がい》した。しかも、弑害の下手人たちを裁判にかけながら、「証拠不十分」として釈放した。また、日本政府のこうした侵略を恐れた高宗がロシア公使館に庇護を求めて日ロの対立が深まると、一九〇四年―〇五年に日露戦争を行ない、それに勝利してロシアの勢力を朝鮮から追い出した。このように朝鮮に深い関係を持っていた清とロシアの勢力を戦争で駆逐した日本は、次に米国のフィリピン支配を支持し、英国のインド支配を支持することで、日本の朝鮮支配の承認を受ける秘密協定や同盟を結んだ。私は、これらの秘密協定や同盟を「狼どもの談合」と呼んでいるが、そうした談合の後、一九〇五年一一月に、伊藤博文が五万の大軍を率いてソウルに乗り込み、軍事的な圧力の下で大韓帝国から外交権を奪い、同時に日本人の「統監」を置くことを強制する「第二次日韓協約」（通称・保護条約）を、皇帝に強制した。

さらに一九〇七年七月には、大韓帝国の内政すべてを統監の指揮下に置き、同時に韓国軍を解体した「第三次日韓協約」を押しつけ、こうして大韓帝国の自由・独立・自主性を完全に奪った上で、一九一〇年八月二二日に「韓国併合条約」を強制して、大韓帝国の全国土を奪い、人民を植民地支配下に置いたのである。

この「併合条約」は「条約」の名に値しない、人道に反する不法・不当なものであるが、日本帝国の敗戦によって植民地支配が終了してから六五年が経ちながら、日本政府はまだ一度も正式に謝罪をしたことがない。「強制併合一〇〇年」の今年こそ、正式に謝罪すべきである。

同時に、三六年間に及んだ植民地支配は、韓民族に筆舌に尽くし難いほどの屈辱と犠牲を強いることとなった。日本政府は、植民地支配の三六年間に犯した過去の罪科を改めて省みて、謝罪・補償を行なうべきである。

二　前提②――「戦後責任」としての「韓国・朝鮮分断政策」への反省と清算

「カイロ宣言」(一九四三年一二月)は、「前記の三大国(米・英・中)は、朝鮮人民の奴隷的状態に留意し、やがて朝鮮を自由独立のものとする決意を有する」と宣言した。その二年後に日本の降伏条件を決定した「ポツダム宣言」(一九四五年七月二六日)は、「カイロ宣言の条項は、履行せらるべく」と宣言した。もし本当に「カイロ宣言」が、そして「ポツダム宣言」が確認した通りに「履行」されていれば、日本の「韓国強制併合」への謝罪や、植民地支配時代の罪科の清算が、今日まで持ち越されることはなかったであろう。いや、そもそも、一九四八年の済州島「四・三」事件の悲劇も、朝鮮戦争の悲劇も、朴正煕軍事独裁政権の時代もなかったことであろう。それらの民族的な悲劇は、すべて第二次大戦後に米・日政府がとった朝鮮分断政策から生じたものだからである。

では、「カイロ宣言」はどのように「履行」されなくなったのであろうか？　一九四五年七月のポツダム宣言は、「カイロ宣言」の「履行」を明記していたが、一九四五年八月一五日に朝鮮半島で敗戦を迎えた日本軍は、米軍が進駐する九月八日まで、マニラの米軍司令部の指示に従って、「解放」後の南朝鮮の人々の動きを逐一報告していた。その記録を見ると、日本軍は「カイロ宣言」を全く意識せず、「カイロ宣言」を歓迎して「自由独立の朝鮮」を目指し、南朝鮮の各地で「建国準備委員会」を組織していた朝鮮民衆を一律に「アカ」と見なして報告していたのである。しかも、ホッジ中将麾下《きか》の米軍に対して、「建国準備委員会」の指導者と接触しないように「勧告」さえしていた。

そのために、九月八日に南朝鮮に進駐した米軍は本来「解放軍」である筈なのに、「占領軍」のように振る舞って軍政を敷いたのである。

しかし、一九四五年一二月二七日にモスクワで開催された米・英・ソ連三国外相会議では、「カイロ宣言」を考慮して、「五カ年以内の朝鮮信託統治案」の合意が行なわれた。しかし、一九四六年になると、信託統治案をめぐって賛否両論が激しく対立し、米国が「建国準備委員会」を無視して南北分断政策を取ったために、民衆はゼネストで対抗し、一九四七年には独立運動の指導者に対する弾圧が激化し、七月一〇日にソウルで開催された「第二回米ソ連共同委員会」は決裂し、七月一九日には南北統一独立運動の中心的指導者呂運亨が暗殺された。

そして米国のトルーマン政権は、一一月一四日に開催された国連総会に朝鮮における総選挙を一方的に提案してソ連と対立し、翌一九四八年三月に国連朝鮮委員会で「南朝鮮での単独選挙」を一方的に可決して南北分断を決定的にした。これを背景に、済州島で単独選挙をめぐる激しい対立から「四・三」の悲劇が起きたことは周知の通りである。

この朝鮮分断政策は、日本では、ポツダム宣言に基づく日本民主化計画の停止、天皇の戦争責任の免除、講和条約後の米占領軍の日本全土での居座り、憲法第九条を無視した日本再軍備への圧力等となって現れた。いわゆる「逆コース」である。それと同時に米国は、植民地支配の過去を無視して日韓国交交渉を要求した。

日韓国交交渉は、日本政府代表が植民地支配の過去を謝罪するどころか自慢さえしたので、米国の後押しにもかかわらず進展せず、かつて満州軍官学校・日本陸軍士官学校に学び、「高木正雄中尉」として満州で中国八路軍や朝鮮解放軍と闘っていた朴正熙少将が、一九六一年五月にクーデターで政権を握ってからようやく成立することになった。しかし、一九六五年六月に締結された日韓基本条約は、植民地支配の過去には一切触れず、しかも「併合条約」の有効・無効は解釈を統一せず、双方政府の勝手な解釈に任せるという前代未聞の条約であった。

言わば朴政権の一八年間は、日本の植民地支配の過去を清算するどころか、むしろ、形を変えて延長させた一八年であったと言うべきであろう。

ここで、二〇一〇年八月一〇日に日本政府が発表した「菅直人首相談話」について一言述べておかねばならない。「菅直人首相談話」は、一九九五年八月一五日の「村山談話」を踏襲したものだと日本国内では説明されているが、政治的・歴史的な意味は大きく違う。

先ず、「村山談話」は戦後五〇年に当たって朝鮮強制併合・植民地支配、さらには中国をはじめアジア諸国を侵略し、占領し、諸民族に大きな犠牲と損害を与えたことを反省し、謝罪した「談話」で、表現は抽象的で不十分であったが、村山富市首相の「善意」は現れていた。

しかし、今回の「菅直人首相談話」は、先ず、何故に八月一〇日に発表したのか、という疑問が起きる。しかも、「日韓併合条約一〇〇年」を冒頭に掲げて、日韓関係だけを反省しているが、日本帝国が「併合」し、植民地支配したのは、「全朝鮮の国土と人々」であって、現在の「南・北」双方に謝罪しなければならないのに、現在の韓国だけに謝罪して、北の朝鮮民主主義人民共和国を明らかに無視している。これは、南北分断政策の継続である。

しかも、植民地支配の清算には、その元となった不法・不当な併合条約の無効宣言が不可欠であるが、それには一言もふれていない。そして、「従軍慰安婦問題」をはじめ、多くの未解決な問題があるにもかかわらず、それらをすべて無視している。その意味で、言葉とは逆に、内容が無く、何よりも菅首相の誠意、熱意が見られない。中国の古典『論語』に、「巧言令色少なし仁」という言葉があるが、まさに「仁なき談話」と言う外ないのである。

三　米・韓・日三国「同盟」による「分断政策」の現在

戦後、米国が主導し、日本が追随した「分断政策」は、朴政権の終焉によっても、東西冷戦の終結によっても終わらず、現在も続いている。今年（二〇一〇年）三月二六日に黄海で韓・米海軍合同演習中に韓国の哨戒艦「天安」が沈没したことについて、韓・米政府は、北朝鮮の潜水艦からの魚雷によるものだと主張し、それへの対抗措置だとして、東海（日本海）で七月二五日から二八日までの四日間、米国は原子力空母ジョージ・ワシントンをはじめ、原子力潜水艦、ステルス戦闘機、対潜哨戒機など二〇〇機を動員、韓国政府も大型揚陸艦「独島」など二〇隻を参加させ、両軍合計八〇〇〇人の大部隊で合同演習を行なった。

その上日米政府は、今回初めて日本の海上自衛官四名を原子力空母ジョージ・ワシントンに搭乗させ、米・韓・日「三国同盟」を誇示した。しかも、韓・米・（日）合同演習は七月だけではなく、八月一六日―二六日に年次演習「乙支《ウルチ》フリーダムガーディアン」を実施、九月に黄海で韓米合同演習を行なうなど、中国の警告にもかかわらず、年末まで毎月一回のペースで軍事演習を継続する計画を発表している。

米・韓政府は、これはすべて北朝鮮を懲らしめ、核兵器を捨てさせるための行動だと主張しているが、そのような効果があるとは思われない。反対に、東北アジアの平和を乱し、第二次朝鮮戦争の危険性を高める行為である。しかし、米国にとってはこれらの行為で地域の緊張を高めることによって、日本や韓国の米軍基地を維持し、日・韓に居座り続けることを狙っているのであって、危険な賭けだと言わなければならない。

四　東北アジア平和共同体の建設に向けて

東アジア平和共同体の建設に向かうために、以上の前提を解決しながら、東アジア平和共同体とは何かを具体的に構想する必要がある。

先ず、「東アジア共同体」と言われるものは、円形ではなく、少なくとも二つの核心から成り立つ楕円状のものと思われる。第一の核心は、東南アジア一〇カ国が一九六一年から一九九八年にかけて営々と築き上げてきた「ＡＳＥＡＮ10プラス３」を中心とする組織である。この組織は二〇一一年にはＡＳＥＡＮ首脳会議に米国とロシアを加えて一八カ国へと拡大するが、拡大するにつれて共同体としての纏まりを失うことが危惧される。

そのような地点に立つ東南アジア共同体を助けるものとして、私は、東アジア共同体の内部に「東北アジア平和共同体」を構想する必要があると思う。「東北アジア共同体」は、二〇〇三年以来東北アジアの核兵器問題を解決して平和を保障するために、中国政府の肝入りで構成された「六カ国協議」を核にして、それにモンゴルなど参加を希望する諸国を加えて東北アジアの平和を保障する機構として構想されている。

最近、日米政府は、「北朝鮮の脅威を抑止する日米同盟」と称して、沖縄米軍基地の永久化を図り、五月末に日米政府間で交わした「共同声明」で、「日米同盟は日本の防衛のみならず、アジア太平洋地域の平和、安全及び繁栄にとっても引き続き不可欠であることを再確認した」と述べている。これは「日米同盟の武力でアジア太平洋地域を制圧しているので、平和、安全及び繁栄が保障されている」という米国の思い上がった主張で、かえってアジア太平洋地域の平和を乱す危険な主張である。しかも、そこに韓国を加えて、日・米・韓三国同盟に発展させせようとする気配さえ感じられる。この動きは、明らかに東北アジア平和共同体の理念に反するものである。

東北アジア平和共同体の理念は、一九世紀のように、特定の国が軍事同盟を結んで世界を支配するのではなく、すべての国が平等に友好関係を結び、助け合うものである。例えば、そのモデルとして、私は、日本と中国が一九七八年に結んだ日中平和友好条約を挙げたいと思う。この条約の第二章「反覇権の原則」は、次のように述べている。

「両締約国は、そのいずれも、アジア・太平洋地域においても又他のいずれの地域においても覇権を求めるべきではなく、また、このような覇権を確立しようとする他のいかなる国又は国の集団による試みにも反対することを表明する。」

「覇権を求めず」ということは、「いかなる国とも軍事同盟を結ばない」ということである。そして、米国を含むすべての国と、平和で友好的な関係を創ろうということである。私は、先ず、東北アジアですべての国が軍事同盟を廃止して平和友好条約を結び、東北アジア全体が平和友好条約のネットワークで結ばれるならば、東北アジアでは軍備・軍隊が不要になり、日本国憲法第九条の状態が自然に生まれると思う。

二一世紀中に、東北アジアでそのような「平和共同体」を必ず創造したいと切に願うものである。ご静聴に感謝申し上げる。

東アジアの共同体の構築と国際機関の役割

ヴェセリン・ポポフスキー

東アジアは、世界の中でも最も組織化の立ち遅れている地域である。平和・安全保障・経済・環境などの面において地域的、かつ世界的な危機に直面しており、東アジア共同体（ＥＡＣ）創設への要求は高まっている。冷戦中、東アジアは東側陣営（中国・北朝鮮）と西側陣営（韓国・日本）の間の世界的競争によって分断され、安全保障上の競争は相互に依存し合っているにもかかわらず、地域的統合は全く存在しなかった。東アジアには、いまだに強力な地域共同体が構築されていないが、各国は国連や世界貿易機関（ＷＴＯ）のような国際機関の規則を遵守している。地域全体が国際システムの中に組み込まれており、すべての国家は国連やＷＴＯ、その他の世界的組織の傘下に位置づけられている。

一　経済的・環境的共同体の構築

東アジアにおいて、ある程度の地域統合化は進められているが、特に中国、韓国、日本の間での地域統合化は顕著である。日本と韓国の対中国貿易は、中国経済の成長とともに増加し、これまで最大の貿易相手国であった米国との貿易を凌ぐ勢いにある。この三カ国には、経済関係の自由化と安定化の推進という強力な動機づけが存在している。中国・日本間、中国・韓国間では自由貿易協定（ＦＴＡ）の締結へ向けて交渉が行なわれている。この三カ国は、それぞれの関係において互いに、東アジアの金融関係を安定化させるための多角的な努力の中で為替安定化のメカニズムを作り上げていった。さらに、この三カ国は酸性雨や森林伐採などの環境問題に取り組むための相互間および多国間の協力を推し進めていった。環境問題に対する協力に向けての努力は、政府のみならず、ＮＧＯや大学によっても行なわれており、地域の経済組織は政府および非政府企業レベルの双方で推し進められている。

二　安全保障共同体

経済と比較するとき、安全保障の領域は、東アジアにおける地域的組織の構築に資するものとはなっていない。韓国と日本は、米国の同盟国であり、安全保障の面において米日、米韓の同盟は最も組織化された関係にある。構成国という観点から見て、東アジア地域のすべての国を包括する他の効果的な安全保障制度というものは存在しない。それでも、安全保障の関係は、冷戦終結後、改善されてきた。安全保障に関する対話や軍関係者の相互訪問も含めて、中国、日本、韓国の三カ国間の信頼醸成の措置は講じられてきた。これらの三カ国の間での猜疑心が完全に晴れているとは言えないにしても、これらの国々の間でのＮＧＯの対話は増えている。二〇〇三年、朝鮮民主主義人民共和国（北朝鮮、ＤＰＲＫ）の核問題の解決のために六カ国協議が始まった。これは、この地域における初めての包括的な多国間安全保障の枠組みであった。六カ国協議は北朝鮮の核問題に焦点を当てたものの、いまだ成功を見るにはいたっていないが、それにしてもその協議はこの地域における安全保障共同体のための萌芽となっている。

経済と安全保障の領域における東アジア共同体の構築は、三カ国間の心理学的、かつアイデンティティの次元の問題と深くかかわっている。最近の事件からも明らかなように、第二次世界大戦前および大戦中の日本の行為による歴史的問題が三カ国間の関係（と緊張）の背後に存在している。三カ国間に安定した関係を確立し、東アジア共同体を構築するためには、歴史的緊張が乗り越えられなければならない課題である。

三カ国間に協力関係を作り上げるには多様な戦略があると思われる。その一つは、現実主義の戦略である。すなわち、初めに安全保障の領域で安定した関係を構築し（高位の政策）、次に経済・環境・アイデンティティの分野におけるより良い関係の構築（低位の政策）を行なうものである。第二の戦略は、機能主義の戦略である。すなわち、初めに経済・環境などの分野

において より良い関係を深め、その後により良い安全保障の関係やアイデンティティの形成の改善に転じるというものである。第三の戦略は、いわゆる並行的（または実利的）戦略と呼ばれるものである。すなわち、それは、考慮すべきすべての領域においてより良い関係を同時的に作り上げていくための努力を行なうというものである。

経済や環境などの機能的分野に利害が集中していることから、三カ国間の利害形態に与えられる最も有望な戦略は、ボトム・アップによる機能主義的な戦略ということになろう。実際、このような分野では、その他の分野以上に組織化された関係が数多く存在する。しかし、東アジア共同体の構築と協力にとって一つの重要な特徴は、国家の力が強く、NGOがいまだ十分な発達を見るにいたっていないことである。それ故、NGOがそのプロセスの中で重要な役割を担うにしても、当面の間は、東アジア共同体は非政府レベルのトラック2的アプローチよりは、むしろ国家主導の方法を採用することになろう。

三　東アジア共同体構築のための地域アクターの役割

六カ国協議が提案するように、東アジアの安全保障には米国とロシア（そして、状況や問題によっては、おそらくその他の国々）をも含まれるべきである。

東アジア諸国連合（ASEANプラス3）の枠組みは、ますます組織化されてきている。二〇〇五年一二月、ＡＳＥＡＮプラス３サミットに加えて、東アジアサミット（ＡＳＥＡＮプラス３にオーストラリア、ニュージーランド、インドを含む）がマレーシアのクアラルンプールにおいて別個独立に開催された。ＡＳＥＡＮプラス３と東アジアサミット参加各国は、経済協力の推進に努力し、最終的にはその努力は地域全体の自由貿易および安全保障と政治的対話といったところまで及んでいる。両サミットは、三カ国間の議論と協力のための貴重な討論の場を提供している。ＡＳＥＡＮプラス３の枠組みと東アジアサミットは、ＡＳＥＡＮの拡大に資するものである。これは、近年、中国、日本、オーストラリアとその他の国々が東南アジア友好協力条約（ＴＡＣ）に加盟したことからも明らかに見て取れるところである。ＴＡＣのメンバーになることは、ＡＳＥＡＮによって他の国々が東アジアサミットに参加することの必要条件とされている。ＴＡＣは、加盟国の主権を尊重し、紛争を平和的に解決することを前提としている。

ＡＳＥＡＮプラス３と東アジアサミットは、ＡＳＥＡＮを中心としたハブ・アンド・スポーク方式を逆にしたようなものと言える。すなわち、ＡＳＥＡＮは日本・中国・韓国ならびにオーストラリア・ニュージーランド・その他の国々との双方関係を拡大しようと試みるものである。通常、これらの国は、ＡＳＥＡＮ内の構成国との関係と比較すると、それほど緊密な関係を持っているとは言えない。中国・日本・韓国は三カ国間の枠組みがないにもかかわらず、またASEANよりも経済的にはるかに大きく、かつ強力であるにもかかわらず、それぞれASEANとの緊密な関係を有している。

しかしながら、ASEANプラス3と東アジアサミットが、間接的に三カ国間の協力推進に寄与したとしても、東アジアの問題そのものの解決にどの程度貢献できるかを判断することは難しい。これが、地域の問題を解決するために地域独自の組織を必要とする理由の一つである。

東アジア共同体の構築は、協力の推進を意図している一方で、しばしば競争を惹き起こす原因となっている。中国と日本は、両者とも互いに向き合い、共同体構築への動きをリードしようとしているが、他方で、ASEANは運転席の座に就こうと試みている。米国は、徐々に排除されるのではないかと疑いを強めており、ASEANのいくつかの国々や韓国と共に、独自のFTAの枠組みを作ろうとしている。しかし、緩やかな競争はあるにしても、ASEANプラス3と東アジアサミットは三カ国間の協力を推し進めるうえで確実に助け合うことであろう。

四　アジア—太平洋

一九八〇年代後半から一九九〇年前半は、経済領域におけるアジア太平洋経済協力会議（A

PEC）と、安全保障領域におけるASEAN地域フォーラム（ARF）という、アジア太平洋地域全域の組織の構築が見られた時期である。APECは、経済と安全保障の領域で重要な役割を果たしている。中国は、一九九一年にAPECに加盟し、これによりAPECは国際的経済共同体のメンバーとしての地位が確立した。一九九四年のボゴール宣言では、地域全体の経済自由化のためのロード・マップが定められた。しかし、近年では、その歩みは停滞している。一九九三年以来、APECは年一回の非公式サミット会議を開催し、地域指導者に対し政治上・安全保障上の問題ならびに経済上の問題を議論する場を提供している。ARFは、アジア太平洋地域における地域全体の安全保障上の対話を行なう唯一の場である。今や、ARFは北朝鮮ならびにEUとインドを包括している。ARFは、各国の外務大臣の間で安全保障について議論する場として重要な役割を担っているが、紛争（国内たると国外たるとを問わず）を効果的に取り扱いながら、ARF自体を強化できずにいる。ARFは、東アジアの安全保障上の問題で最低限の役割しか担っていない。その代わり、APECサミットは、最高指導者が経済問題以外の重要な問題を取り上げ、話し合うことが可能であるため、安全保障の領域において重要な地位を強化しているように思われる。二〇〇一年、北京でのAPECサミットは、アジア太平洋地域の指導者が国際的テロリズムについて話し合う場を提供した。

アジア太平洋安全保障協力会議（CSCAP）は、安全保障問題について話し合うアジア太平洋地域における唯一のトラック2の会議であり、ほぼ間違いなくARFの構築に重要な役割を担っていた。二〇〇二年、国際戦略研究所（IISS）は、民間組織および政府組織と協力してアジア太平洋地域の防衛大臣によるシャングリラ対話の組織化に着手した。この年次会議はいくつかの興味深い特徴を有している。第一に、この会議には各国政府の防衛大臣と安全保障アドバイザーが参加したが、（指導的役割を担ったIISSと共に）民間組織がこれに後援した。それ故、これは純粋な政府レベル会議でも、純粋に非政府レベルのトラック2の会議でもない。第二に、この会議はアジア太平洋地域における防衛大臣の初めての地域全体の会議である（ARFの会議には、外務大臣が参加する）。第三に、シャングリラ対話は信頼醸成の会議でも、政策決定の場でもない。各国の防衛大臣が自国の防衛と安全保障の政策について述べる場であるように思われる。彼らの率直な見解表明は、防衛と安全保障の政策について参加国間の相互理解に貢献するであろう。

APECやARFのように、これらの組織はアジア太平洋地域での広がりがいまだ稀薄な組織でありながら、ある程度の役割を果たしているものの、東アジアの安全保障と経済問題となると、いまだ十分に重要な役割を担うに足る組織にはなっていない。それ故、シャングリラ対話のような、地理的により狭い適用範囲を場とするその他の組織が、貿易の自由化と安全保障などの問題を解決する試みを行なっている。

五　国際関係者と東アジア共同体

東アジアの国々にとっては、独立した地域組織を構築するよりも、国連の世界機関を利用したNPT（核拡散防止条約）体制とかWTOのほうが、係争問題を解決するうえでより現実性を有しているかもしれない。東アジアにはいまだ地域貿易の組織が存在していないが、この地域の国々が採用する経済的相互作用の基本的なルールはWTOによるものである。この点において、中国が二〇〇一年にWTOに加入したことは、その地域での国際的政治経済において新時代への転換を画するものであり、地域的・世界的経済関係の安定化に大きく資するものである。北朝鮮の核問題は、まさしくNPTの問題でもある。六カ国協議などの地域的、または係争問題ごとの特化された合意は、国際的ルールが遵守されていないために作られたものである。

最後に、東アジア共同体の構築は必要なプロセスであり、地域的・世界的組織の支援を歓迎するものである。

（翻訳・三善恭子）

東アジア共同体の樹立と国際社会の役割

眞田芳憲

一　大韓帝国の命運と安重根

一九一〇年八月二二日、日韓併合条約の締結により、大日本帝国は大韓帝国を併合し、韓国に関する一切の統治権を完全に獲得した。

この前年の一九〇九年一〇月二六日、明治の元勲・伊藤博文がロシア蔵相との会談に訪れたハルビン駅頭で、韓国黄海道海州出身の青年、安重根に射殺された。翌年、五カ月後の一九一〇年三月二六日、旅順監獄で安重根は死刑に処せられた。韓国併合一〇〇年は、とりもなおさず安重根刑死一〇〇年ということになる。

伊藤博文は、言うまでもなく、日本の近代化のための国民国家の礎を築いた英雄の一人である。日本にとって、その国家的英雄を殺した安重根は「暗殺者」であり、「テロリスト」ということになる。他方、安重根は韓国にとっては、「日韓協約」を強要し、朝鮮亡国の元凶となった伊藤博文を除いた民族の英雄である。安重根の「伊藤博文狙撃事件」は、日本と韓国は言うに及ばず、東アジアの近代史において極めて重要な事件であったが、それのみならず、今日においても東アジア共同体の樹立を考える上で極めて示唆深き問題を提示している。

　現在は、過去なしにはあり得ない。しかし、過去だけを論じていると、現在を正しく見られず、未来を見失うことになる。この過去と現在の絡み合う問題を未来に向けてどのように切り開いていくべきであるのか。祖国の「国権被奪」に生命を捧げた安重根の死が現代に問いかけているのは何であるのか。

二　安重根の「東洋平和論」と岡倉天心の「東洋の理想」

　安の「伊藤博文狙撃事件」の理由と時代認識を知るためには、自伝『安応七歴史』と処刑直前まで執筆していた未完の『東洋平和論』を読むに如《し》くはない。安は、なぜ伊藤を狙ったのか。彼は、ハルビン大日本帝国総領事館において行なわれた検察官の訊問に対して一五カ条にわたる理由を述べている。ここに見られる彼の基本的思想は、自伝の『安応七歴史』と共通している。伊藤博文狙撃に至る彼の時代認識は、次の二つに要約できよう。

　第一に、日本がロシアと開戦するにあたり天皇が布告した宣戦の詔書の中に、東洋の平和の維持と韓国の独立の強固が謳われている。それにもかかわらず、伊藤は上は天皇を欺き、外は列強を欺き、奸策を弄して非道の限りを尽くしている。この賊を処罰しなければ、韓国は必ず滅亡し、東洋はまさに滅びるであろう。

第二に、現今の西欧勢力の東洋への浸透の禍いは、東洋人種が一致団結してこれを防ぐのが第一の上策である。それ故に、韓国・清国（中国）の民衆は日本の勝利を歓迎し、歓喜を共にした。それにもかかわらず、日本は、同じ東洋の隣国を略奪し、東洋の人びとの期待と希望を裏切った。東洋全体が滅びる惨害を手をこまねいて座視するわけにはいかない。それ故に、東洋平和のための義戦をハルビンで開始したのである。

安重根は、自己の「伊藤博文狙撃事件」を単なる私怨や個人のテロではなく、民族の独立と東洋の平和を脅かす侵略軍と戦う義兵闘争の延長として位置づけていた。彼の『東洋平和論』は、東アジアという地域レヴェルでの国家間の協力と共生の精神によって基礎づけられた、まさしく東アジア共同体の平和とその実現のための日・韓・清（中国）の民衆に向けた「東洋」連携の構想の書であった。その意味において、安のこの構想は現在のヨーロッパ連合（ＥＵ）に相応する先駆的思想と言っても決して過言ではない。

他方、安とは異なる文明史観に立って、西欧の地から東洋の平和を論じた日本人がいた。東京美術学校（後の東京芸術大学）の校長を歴任し、米国ボストン美術博物館の東洋部顧問・部長として活躍していた岡倉天心である。日露戦争の前年の一九〇三年、英文で出版された『東洋の理想』（*The Ideals of the East*）の開巻劈頭は、〝Asia is one〟（アジアは一なり）という、すでに格言化されている有名な言葉で始まる。しかし、彼のこの言葉は、言うまでもなく、後の「大東亜共栄圏」の構想とは位相を全く異にするものであった。

日露戦争の二年後、伊藤博文を初代統監とする日本統監府が設置された一九〇六年、岡倉はロンドンで英文の『茶の本』（*The Book of Tea*）を出版した。彼はこの著書の中で次のように述べている。「西洋人は、日本が平和な文芸にふけっている間は、野蛮国と見なしていたものである。しかるに満州の戦場に大々的殺戮を行ない始めてから文明国と呼んでいる。……（中略）……もしわれわれが文明国たるためには、血なまぐさい戦争の名誉によらなければならないとするならば、むしろいつまでも野蛮国に甘んじよう。われわれはわが芸術および理想に対して、しかるべき尊敬が払われる時期が来るのを喜んで待とう」。

しかし日本は、西洋が揶揄した平和に生きる「野蛮国」に甘んじることをしなかった。むしろ日本は、戦争の混乱と流血を喜ぶ西洋の軍神マルスの血なまぐさい姿を理想化し、西洋の言う「文明国」の道を突き進んだ。その結果、日本はアジアに戦禍を撒き散らし、アジアの民衆はもとより、自国の民衆にも大きな犠牲を強いることになった。

三　東アジア共同体の実現に向けて

岡倉は、「死の文明」を拒絶し、「いのちの文明」「平和の文明」を強調し、「アジアは一なり」と主張した。安も、民族の独立と共存を強調し、アジアの民衆の連携と協働によるアジアの平和を説いた。両者の文明史観は異なるにせよ、アジアの平和実現の願望には共通するものがある。それだけに、彼らの主張は「東アジア共同体」の実現の可能性について極めて重要な示唆を提供している。

第一に、東アジア共同体の構築を志向する場合、それに参加し、協働する諸国の人びとの間で信頼と尊敬の念が醸成されていなければならない。『日本国憲法』は、その前文において「日本国民は、恒久の平和を念願し、人間相互の関係を支配する崇高な理想を深く自覚するのであつて、平和を愛する諸国民の公正と信義に信頼して、われらの安全と生存を保持しようと決意した」と謳った。「平和を愛する諸国民の公正と信義に信頼」するためには、その前に他国民から信頼される日本国民であらねばならない。

しかし、はたして日本国は東アジア諸国の人々から日本国の「公正と信義に信頼」が寄せられているのであろうか。東アジアの近隣諸国、特に韓国や北朝鮮をはじめ、中国に対する歴史の清算が依然として多くの点で未解決の状態にある。他国への侵略、そして植民地支配、そこから惹き起こされた不正と悪行に対する清算が解決されない限り、日本国は東アジアの諸国から真の信頼を享受することは不可能だろう。憲法前文にもあるように、「日本国民は、国家の名誉にかけ、全力をあげてこの崇高な理想と目的を達成する」責任を負っているのである。

第二に、国家による安全保障は、もとより重要な政治的現実である。今日、私たちが目撃しているように、国家が国民国家の枠に縛られる限り、国家主権を脅かす攻撃や侵略に対して軍備を増強、整備し、積極的に軍事力の強化を競い合うことになる。しかし、国家による安全保障が平和を必ずしも保障するものではなく、むしろ暴力を促進し、不安定な世界を作り出していることは、冷厳な歴史的現実である。それのみならず、国家による安全保障は、人権・食糧・健康・環境等の諸種の局面における人間の安全保障を必ずしも可能とするものではない。むしろ、こうした人間の安全保障こそが不安と恐怖を取り除き、軍備や戦争手段への依存を除去し、真の平和を樹立することになる。一九九四年に発表された国連の『人間開発報告』に提示された「人間の安全保障」（Human Security）の概念は、こうした志向性をもつものである。

第三に、人びとの安全保障は国家の枠を超克しない限り、真の意味での人びとの安全はあり得ない。この点において参考となるのが、ヨーロッパ共同体における加盟各国の主権委譲である。すなわち、国家の専権的権限を委譲し、自国の有する権限を他国との関係の中で位置づけ、権限の共有化を図るという制度がこれである。しかし、ヨーロッパ共同体においてこの制度が可能となったのはヨーロッパ固有の文化伝統と多年の歴史的現実が存在していたことを考慮しておかねばならない。

ここにあって私たちが範とすべきものは、ヨーロッパ共同体が単なる経済共同体にとどまらず、より根源的に「不戦共同体」だということである。戦争は「死の文明」の最も象徴的な罪悪である。私たちは、「死の文明」から「いのちの文明」「平和の文明」へとパラダイム・シフトしていかねばならない。その場合、『日本国憲法』第九条に象徴される日本の平和憲法は東アジアを不戦共同体へと導く平和の基盤として活用できるであろう。

しかし、日本の平和憲法が不戦共同体としての東アジア共同体の実現に寄与し得るとすれば、少なくとも二つのことが留意されておかねばならない。一つは、国内的に日本の政治・外交・経済・社会・教育等の現実が憲法の平和主義の原点への回帰を一層純化させていくことである。いま一つは、国外的に東アジア地域全体での脱軍事化、とりわけ国家の軍備削減へのプロセスを促進させていくということである。

第四に、不戦共同体としての東アジア共同体を実現していくためには、各国の市民社会が平和構築能力を備えた成熟した社会に成長していかねばならない。平和の担い手となるNGOやNPOをはじめとする市民運動は、アジアの平和によって利益を受ける経済界、企業と手を組んで東アジアの平和構築に協働し、軍需産業依存型の産業構造からの脱却に寄与していくことが必要となろう。それと同時に、これらの市民運動は東アジア諸国の大衆レベルでの市民運動と連携し、ネットワークの拡大に努めるとともに、東アジアの安全保障を促進していく上でアメリカの平和運動・市民運動とも連携、協力し、さらには国連との協力関係も一層強化していくことが必要不可欠となろう。

四 「共に支えあう安全保障」（Shared Security）と〝Arms down!〟の署名キャンペーン

私の所属する宗教NGO「世界宗教者平和会議」（World Conference of Religions for Peace：WCRP）のグローバル・ユースネットワークの下に集うアジアの青年たち、そして世界の青年たちは、いま「Arms Down! 共に支えあう安全保障のための署名キャンペーン」を実施し、世界の軍事費の一〇％とその削減分を国連のミレニアム開発目標（MDGS）の達成のための再配分を求めている。

一〇年前、世界の首脳は国連に集まり、二〇一五年までMDGSの達成に向けて、特に最富裕国は国家収入の〇・七％以上を開発途上国に配分することを約束した。本年、二〇一〇年九月、世界の首脳は再び国連に集まり、MDGS達成に向けた進捗度を評価することになっている。WCRPグローバル・ユースネットワークは、各国首脳がMDGSに関する約束を再確認するだけでなく、軍事費を削減し、国家の安全保障よりも人間の安全保障を優先させ、人間開発への投資の拡大を具体的に約束することを求めることになろう。

この種の平和のための運動が志を共にする数多くの東アジアの市民団体と連携し、地道に、忍耐強く、着実に積み重ねられていくことによって、東アジア共同体実現の地平は必ずや切り開かれていくであろう。私たちは、一〇〇年前の偉大な先駆者たちの願望を私たちの願い、私たちの希望、そして私たちの祈りとして、共に東アジアの一員として平和のために手を取り合っていかねばならない。これこそ、私たち宗教者の務めであり、使命というべきであろう。

対話・協力の強化と東アジアの平和

衛　元琪

尊敬する友人の皆様、参会のすべての皆様

中国、韓国、日本は、海を挟んで互いに相望み、文化の面で互いに通じ合う近隣である。中・韓・日の国民は、古の過去から互いに学び合い、互いに手本としながら、自国の発展と進歩を促し、東アジア文明と世界文明の宝庫を豊かにしてきた。中・韓・日の友好往来の歴史において、宗教の交流は重要な紐帯として三国人民の間の友誼の懸け橋となった。中国の唐の時代、鑑真和尚は、この世を平安にし、人々を救う仏教の教えを日本に伝えるため、六回にわたって東渡を図り、六六歳の高齢にいたり漸く日本への渡来に成功した。新羅の王子金喬覚は、中国九華山で仏法の苦行修行をし、後世に地蔵菩薩と仰がれ、今日にいたっても中国人から尊崇されている。日本の円仁和尚は、唐に入り、東アジアの三大旅行記の一つと言われる大著『入唐求法巡礼行記』を著わした。中・韓・日の宗教界の友好往来は、その時間の長さとその影響の大きさにおいて世界の文明発展史上、類い稀《たぐいまれ》な現象である。これは、私たちが共有する歴史的財産であって、ますます尊重し、子々孫々に相伝え、その威力を高らしめるにふさわしい価値を有している。中・韓・日の宗教界の友好往来は、今日にいたっても依然として三国の友好関係の発展を推し進める重要な力である。

近代以来、少数の日本軍国主義者が発動した侵略戦争は、中・韓・日人民の友好交流を切断し、東アジアの平和および発展を阻害した。歴史は、最も哲理に富む教科書である。今年（二〇一〇年）は、日本による朝鮮半島占領一〇〇周年であり、世界反ファシズム戦争勝利六五年周年でもある。このように重大な歴史的意義を持つ年に、私たちは不幸な歳月の歴史的教訓を結集し、これを汲み取り、中・韓・日三国の宗教界が東アジアの平和創造においていかなる役割を果たすべきか、東アジア、さらには人類の平和および発展を推し進めるにあたっていかに原動力となり得るかについて真剣に考えてみなければならない。

現在、世界は、複雑で、重大な変化を経験しつつあり、私たちの東アジアも数多くの新しい困難に直面しつつも、それに挑戦している。善隣互信、全面協力、互利互恵、共同発展の東アジアをいかにして構築するかは、東アジア各国の人民が直面する重大な問題であり、また東アジアの諸宗教が担うべき歴史的責任でもある。

東アジアの平和と友好の基礎は、民衆の手にある。歴史上、宗教は東アジア各国間の友好往来を促進するうえで重要な橋渡しと紐帯の役割を果たしてきた。一九五〇年代に北京で開かれた「アジアおよび太平洋地域平和会議」で、後に「中国宗教者和平委員会」（ＣＣＲＰ）の初代委員長に就任した趙樸初居士が中国仏教徒を代表し、会議に出席された日本の代表を介して、平和と友誼のシンボルである観世音菩薩一体を日本仏教界に贈り、戦争により中断された中日両国仏教徒の伝統的友誼の回復を実現させた。中・日の宗教界の人々は、出会いと語り合い、そして交流を通じて両国人民の平和を願い、友好を回復しようとする願望を伝達し、中日関係の正常化に寄与した。私たち各国の宗教界は、東アジアの平和、安定および発展において私たち独自の役割を果たすべきであり、また果たすことができるのである。事実、為すべきことがあるだけでなく、それはまた大いにやりがいのあるものでもある。

中国は、「和」を尊ぶ国である。中国の歴史において「和」は最高の価値として信じられてきた。中国は、信頼を重んじ、友好を重視し、平和を尊ぶ文化伝統に基づいて平和発展の道を堅持し、国内的には全面的かつ調和のとれた、持続可能な発展および調和ある社会の建設に力を注ぎ、対外的には独立自主の平和外交を実行し、双方互恵・両得の開放戦略を堅持して、世界各国と協働して恒久平和・共同繁栄の調和ある世界の建設に向けて努力している。

中国宗教者和平委員会は、中国における唯一の全国的規模の諸宗教間対話の平和組織として、中国五大宗教（仏教、道教、イスラム教、キリスト教カトリック・プロテスタント）の指導者と代表者が一堂に会している。中国宗教者和平委員会は、「友好・平和・発展・協力」の原則の下に国内の各宗教団体との団結と友好を積極的に促進し、各国宗教界および世界的・地域的宗教平和組織との交流および協力を進めている。現在の世代や未来の世代の幸福、そして国家および民族間の友好・協力・共同繁栄の事業に資することは、善き事である。私たち宗教者は積極的にこれを支持し、これに参与すべきである。そのために、中国宗教界のわが朋友は、毎年、大規模な世界平和を祈る集いを開催している。それに反して、平和および発展に益さない行為、国家間・民族間において不和や憎悪を引き起こすような行為に対しては、宗教者は断固、それに反対し、それとは明確な一線を画すべきである。

中・韓・日は、いずれも東アジアにおける重要な国家である。中国宗教者和平委員会は、この地域の国家の宗教団体との交流と協力を積極的に繰り広げている。さらに、韓国の韓国宗教人平和委員会（KCRP）とはすでに二国間交流協議の協定を締結し、かつ相互訪問を実現した。世界宗教者平和会議（WCRP）日本委員会には定期的な交流を行なうことを提議している。東アジアの平和・発展・協力を促進するために、私たちは中・韓・日の宗教界に向けて次のことを呼びかけるものである。対話と交流と協力を強化し、一般民衆と緊密なネットワークを持つ宗教界のメリットを有効に行使し、国家間・民族間における相互の尊重と平等な交誼を重んじ、対話を強化し、相手の懸念に耳を傾け、誤解を取り除き、理解を深め、自制と冷静を保ち、感情的な言行を避け、東アジアの平和と安定に寄与する多くのことを為し、この地域の緊張激化に利するようなことは一切慎み、「和」の精神によって共通認識の一致を確固なものとし、協力を強化して、東アジアの平和と友好の大局を守ることを提唱する。

本日、中・韓・日の宗教界、政界・学界の方々が東アジアの平和を願って一堂に会している。私たちは、互いに一層理解と協力を深め、真理の輝きの下でそれぞれの宗教言語を介して信仰者に平和の理念の実現を呼びかけ、そしてこれらの信仰者を通じて社会各層の人々を感化し、影響を与え、あらゆる人々の力を団結して、人民大衆の友好の基礎を絶えず強固なものにし、東アジアの平和、安定および発展のために弛《たゆ》まぬ努力を重ねていくものである。

最後に、東アジアの平和、人民の安寧と平穏のために共に祈りを捧げよう。

ありがとうございました。

（翻訳・崔延花）

国益よりは人類共栄の利益を優先することの認識とその必要性

元　惠榮

一　東アジア平和共同体論議の時機の適切性

帝国主義日本による大韓帝国の強制併合一〇〇年を迎え、「東アジア平和共同体の建設と国際社会の役割」という主題をめぐって、韓・中・日の政界・学界・市民社会が共に国際セミナーを開催するのは、まことに時宜を得たものであり、極めて大きな意味を持つものである。

本日、ここで論議される共同体とは、政治的意味だけではなく、経済的意味における共同体をも包含するもので、基本的には平和共同体という基盤の上に成立する共同体をいう。なぜなら、共同体の成立は、平和が前提とならなければ不可能だからである。この意味において、平和共同体ということはいくら強調しても強調し過ぎるということはなく、また平和共同体を度外視した共同体論議は不可能であり、そのような論議は望ましいものでもない。

二　日本の総理大臣の談話を通して見た東アジア平和共同体に対する日本の立場

去年（二〇一〇年）の八月一〇日、日本の菅直人総理大臣は、帝国主義日本による大韓帝国の強制併合一〇〇年を迎えて、首相談話を発表した。戦後五〇年を迎えて発表した「村山談話」（一九九五年）と比較すれば、韓国の立場を考慮した一部の具体的な事例を提示し、一歩進んだ側面があるように見えるが、実際には「村山談話」から一歩も前進していない陳腐な談話に過ぎなかった。

韓国で大きく期待されていた「菅談話」は、「あんこなき饅頭」となってしまった。その理由は、菅談話に日韓併合の不法性の認識が欠落していたこと、および日本政府が個人請求権の発動と補償に対し懸念を示していたことにある。日本政府は談話を準備するに際して、補償の問題が提起される状況を回避するため、微に入り細に入り文言の修正を重ねていた。

この点、東アジア平和共同体の建設のための前提条件として伊藤成彦教授が指摘した日本帝国主義の「過去」の清算は、必ず行なわれなければならない事柄である。伊藤教授は、一〇〇年前に行なわれた大韓帝国の併合は人道に反する不法かつ不当なものであって、日本政府はそれに対して正式に謝罪しなければならないと主張している。さらにまた、三六年にわたる植民地支配に対する反省と謝罪、そしてそれに伴う補償を行なわなければならないと主張している。このような考えを、学者的良心を賭けて主張している伊藤教授の勇気に敬意を表したい。伊藤教授の主張に基づけば、今回の菅直人首相談話は、最近の日本国内の困難な政治状況を考慮したとしても、談話の内容に誠実性が欠如していることを指摘せざるを得ない。

いま一つは、日本の植民地支配によってもたらされた朝鮮半島の分断と戦争、そして軍事独裁政権の出現に対する反省と清算の問題である。日本は、韓国に対して植民地支配を行なったが、韓国は独立を迎えた後、南北の分断と朝鮮戦争を経験することによって植民地支配を清算する機会を失ってしまった。さらに、韓国における軍事独裁政権の出現、その軍事独裁政権と日本政府との間における過去の歴史の問題ならびに国交正常化の過程における蜜月関係は、両国間の健全かつ対等なパートナー関係を根元から削り去ってしまった。そこで、米国の世界戦略上、韓・米・日三国は東アジアの緊張の枢軸を形成し、これが東アジア平和共同体の建設の障礙要因となっているのである。今回の「菅談話」に北朝鮮に対する言及が皆無であるのは、まさしくこのことの証しと言ってよいであろう。

三　東アジア平和共同体の建設のための断想

かつてノルウェーの平和学者ヨハン・ガルトゥングは、平和を消極的な平和と積極的な平和に分類し、消極的な平和は戦争のない状態をいい、積極的な平和は紛争のない状態をいうと指摘した。

東アジアの現状は、勿論、戦争のない状態であるとはいえ、その紛争関係は極に達しており、消極的な平和さえ脅かされている状況にある。特に天安艦事件(韓国哨戒艇沈没事件)が発生して以来、東海上では米韓合同軍事訓練、西海上では韓国軍による単独での軍事訓練が行なわれ、さらには北朝鮮の報復的な性格の濃厚な大砲発射事件が発生し、極度の緊張感に包まれている。要するに、平和が脅威にさらされている状況にあると言うことができる。

しかし、このような状況は東アジア平和共同体のためには百害こそあれ、一利もないのである。東アジア平和共同体の実現には、消極的な平和状態では設立し難い困難な課題が内包されている。それは先ず、紛争を解消してはじめて達成可能となる課題である。この点で、伊藤教授が主張している一九七八年の日中国交樹立の際に提起された「反覇権の原則」に注目する必要があろう。覇権を追求しなければ、その自然的な帰結として軍事力に依存することはなくなり、軍事訓練や軍事同盟は不必要となる。軍事同盟は平和条約に代替されるので、軍隊と軍備は不必要となる。

平和憲法下の日本のように、軍隊を保有できない国家が普通国家となるのである。すべての国家が普通国家となるような状態があってこそ、まさしく平和共同体と言い得るのである。しかし、このような平和共同体をめぐる論議は、なによりも相互間に信頼がなければ行なうことができない。それ故に、政府間における信頼の醸成が重要である。しかし、政府には自国の安全を図り、国民の生命と財産を保護するという最も基本的な役割がある。そのため、相手国を疑う習性がある。換言すれば、東アジア平和共同体は、国家間において無限の信頼と平和を醸成するための媒介的な役割を果たす主体が必要となる。

この意味において、私は市民社会や宗教界の役割が極めて重要であると考える。なぜなら、市民社会や宗教界は国境を越えて、国益よりも人類共栄の利益のために活動する集団であるからである。最後に、政界からもその役割を見出すべきであると考える。今や、政治家は自分自身の行動が自分自身の利益のためとか、また自国に利益となるか否かを基準とするのではなく、人類の普遍的な価値を基準として行動することが求められている時なのである。

（翻訳・金永完）

政権交代と東アジア共同体

近藤昭一

民主党は、「二〇〇九年政策集インデックス」において「アジア外交の強化」「日韓両国の信頼関係の強化」「日中関係のさらなる深化」等を掲げた。特に「東アジア共同体」構想は、自民党政権時代から提唱されていたとはいえ、政権交代後の鳩山由紀夫首相が「新時代の日米同盟の確立」とセットで主張したことで、大きな注目を集めるとともに、多くのアジア諸国、格別、韓国から歓迎を以て迎えられたのではないだろうか。

一　東アジア共同体構想の前に立ちはだかる課題

一方で、鳩山政権が新時代の日米関係の中で目指す「主体的な外交戦略」と「率直に対話を行なう対等な日米のパートナーシップ」とは何を意味しているのかという問いかけが野党側から突き付けられた。そうした折、鳩山首相の主張した「普天間基地の代替施設の移設は、最低でも県外、できれば国外へ」という主張が大きな注目を集めたのである。しかしながら、結果は自民党政権時代に決められた「辺野古への建設」という最悪ともいえる結論であった。私自身は超党派（民主党・国民新党・社民党）沖縄等米軍基地問題議員懇談会の事務局長として、仲間の議員とともに、「代替基地は国外、具体的にはグアム・テニアンしかない」と、鳩山首相に直訴するとともに、有志の議員でサイパン島への現地視察も行ない、グアム、北マリアナ諸島連邦の両知事とも意見交換を行なったのである。私は今も、米国自身はグアム・テニアンへの米軍基地の本格的集約化を計画しており、きちんと交渉すれば、辺野古に代替基地をつくる必要はないと確信している。

しかし、ここに大きく立ちはだかったのが、今なお存在する「米国に意見を言って、反発を招いては大変なことになる」というある種の遠慮と、日本の多くのマスメディアの不正確な報道であった。実際、鳩山首相の「対等な日米関係」という言葉に対して、多くの日本のマスメディアは懐疑的な論調を行ない、「普天間基地は県外、もしくは国外へ」という主張に対して、「かっての自民党政権時代とは言え、一度決定したことをひっくり返すことに米国はいら立っている。日米関係がおかしくなる」という報道が多くみられた。私は、米国の考え方にはもっと違うものもあると思っており、その中で日本政府は沖縄県民の皆さんの声をきちんと代弁し、交渉すべきであり、そうすれば必ずよい成果が得られるということを申し上げたい。

何よりも、鳩山由紀夫首相から菅直人首相に交代した現在、改めて「率直に対話を行なう対等な日米の「パートナーシップ」の構築を行なうことが重要である。

二　東アジア共同体の重要さとそのための信頼構築

また、この普天間基地問題に関連しては、頻繁にマスコミで「抑止力への懸念」が報道されたが、それとて違う見方もあるとともに、そうであるからこそ、東アジア共同体構築による信頼関係を醸成し、その信頼関係に基づく安全保障の枠組みを構築することこそ重要なはずである。「政策集インデックス」において、民主党は「中国、韓国をはじめ、アジア諸国との信頼関係の構築に全力を挙げます。東アジア共同体の構築を目指し、通商、金融、エネルギー、環境、災害救援、感染症対策等の分野において、アジア・太平洋地域の域内協力体制を確立します。東アジアや世界の安定と平和に寄与するために、日韓両国の信頼関係を強化します。中国は日本にとって極めて重要な隣国であり、東アジア地域の平和と繁栄のためにも、さらに友好協力関係を促進します。」とうたっている。

ただ、ここで鳩山首相（当時）の提唱した「信頼関係の構築」には、多大な努力が必要だと強調したい。私自身はこの件に関連して、超党派で「国会図書館法の一部を改正する法律案」の成立を目指す「恒久平和のために真相究明法の成立を目指す議員連盟」の幹事長として、できる限りあの戦争の事実を明らかにしていくことが必要だと訴えてきた。日本国内では今なお、歴史を直視する力が弱いばかりではなく、「過去のことはもういい」とする人も多い。そんな中、この議連では、鳩山首相も首相就任までは会長を務めておられたが、日本の防衛省等に所蔵されている戦争に関する資料を、国立国会図書館に調査局を設置することにより、きちんと公開していこうという法律案なのである。こうしたことを一つ一つ積み上げていくことによる信頼関係の構築なくしては、真の「東アジア共同体」の建設は難しいのではないだろうか。

日本では、こうしたことを少しずつ可能にしていく状況と、まだまだ難しい状況が混在しているのではないだろうか。ご承知の通り、日本では大変な「韓流ブーム」が起こり、多くの人が韓国に対する親しみを増している。かくいう私も連続ドラマ「ホジュン」の大ファンであり、名古屋―東京行き帰りの新幹線の中でＤＶＤを見続けた。世論調査を行なっても、両国民の親近感はかつてない高まりを見せている。しかし、一方で「外国人参政権問題」には根強い反対があることも事実である。また私自身は、中学生の頃、在日の友人が同級生から差別の言葉をかけられるのを目の当たりにして大きなショックを受けたことを記憶しているし、残念ながら、多くの日本の人が「在日」の歴史や、日韓間の歴史をよくは知らない。まして、日朝間のことになれば、もっと難しい。先にＮＨＫでは「シリーズ日本と朝鮮半島２０００年」という優れた番組を放送したが、こうした番組が幅広い多くの人に見られることが大切だと思う。

日本が朝鮮半島を侵略支配し、なぜ南北が分断され、朝鮮戦争でどれだけ多くの同じ民族同士の人々が殺し合ったかの事実に日本人の多くは目を向けてはいない。残念ながら、戦後は終わってはいない。今、日本に必要なのは、先ず近代における戦争の歴史に目を向けることであろう。

私も二年間、衆議院の外務委員会に所属し、何回か、日本各地に保管されている朝鮮半島出身者の遺骨返還に関する資料について質問を行ない、いくばくかその促進に貢献をしたと思っている。残念ながら、第一回から参列している返還式に今年は参列することができなかった。しかし、今回は、私が質問の中で何回も要請してきた外務大臣の出席が実現した。これまでの自民党政権では、かたくなに副大臣で済ませてきた重要な課題である。つまり、日本の外交を代表する大臣が、自ら出席し、自ら哀悼の意を表することの大切さなのである。

日本は、あの戦争で多くの他国と自国の人々の命を奪った。日本国内には今なお、憲法の成立過程に疑問を呈する人もいる。しかし、重要なことは、その中身であり、世界の情勢を見ても「力で平和を作ろうとしても、怨嗟の循環を生むだけであり、真の平和は平和な方法でしか作れない」と多くの人は思いだしている。もちろん、日本にも専守防衛とはいえ自衛隊は存在する。全くの非武装というものの実現には難しさもある。だからこそ、私は、アジアでの安全保障の枠組み構築を目指したい。私は、仲間とともに「リベラルの会」という政策勉強会を作っているが、そこでの最大の政策目標は「憲法九条の精神を世界に広め、集団的自衛権を認めない。各国の安全は集団的安全保障の枠組みで守る」ということである。もちろん、そのための信頼醸成構築は容易ではないかもしれない。しかし、マラッカ海峡、インドネシアにおいて成功している海賊対策の共同パトロールのような仕組みから始めていくことは重要であるし、その努力こそ今、進めるべきと思う。こうしたことこそ、国連が目指した道でもある。日本では、国連に対する大きな期待がある。各国がそれぞれの利益を求める中、国連の改革を進めつつ、集団的な合議の中で、安全保障の道を求めていく必要があると思う。

三　民主党が主張する具体的な行動と東アジアの国々との連帯

民主党はその他にテロとその温床を除去するための「貧困の根絶」と当該国の「国家としての再建」に日本が積極的な役割を訴え、その際には、NGOとも連携しつつ、経済的支援、警察行政改革を含めた統治機構の強化、灌漑事業・医療、物資の輸送を含めた人道復興支援活動等の実施を検討するとうたってきた。

また、貧困問題と「人間の安全保障」の実現を、日本の国際協力分野における最重要課題と位置付け、一国だけでは解決できない環境・砂漠化・難民・貧困・感染症問題などの「人間の安全保障」への取り組みを国際社会の連携の中で推進したいとしている。

そのためには、政府開発援助（ＯＤＡ）を抜本的に見直し、相手国の自然環境の保全と生活環境の整備に重点的に援助を行ない、また情報公開や外部監査・業務評価を徹底させ、透明性・効率性を確保するとともに、援助対象国のニーズに合った無駄のない援助を行なうことが重要であるとしており、私は、そのためにこそ、東アジアの国々との連携、また、その先の「東アジア共同体」の設立が重要なのだと思う。

四　さいごに

日本経済が停滞する中、中国・韓国等のアジアの国々との連携を経済面から主張する方は多い。もちろん、このこと自体は推進していくべきことと思う。しかし、そのことだけが前面に出ていくことは、どこかで摩擦を生じることになりうるし、本来の姿ではないと思う。私は、戦後生まれで戦争を知らない。しかし、亡くなった父から戦争の体験を聞いてきたし、薬剤師を目指して学校に通っていた叔父は、道半ばで戦争に駆り出され、サイパンに向かう輸送船が撃沈され、命を失った。多くのアジアの人々が、あの戦争で命を失い、人生を翻弄されたばかりでなく、今なお、苦しみ続けている。平和な世界こそ重要であり、二度と戦争を起こしてはならない。そして、そのことにきちんと目を向けていかなければ、真の「東アジア共同体」は構築できないと思う。

東アジア共同体への道程

――国連憲章第八章に基づく地域安全保障機構の創設をめざして――

犬塚直史

一　集団安全保障の限界

国家の安全保障において、自衛権の行使は国連の集団安全保障措置が発動するまでの間のみ認められている。したがって、「国連軍」が展開した時点で「自衛権の行使」は終了するはずであった。だが、国連の集団安全保障措置は機能せず、これを定めた憲章第七章は空文と化しているのは周知の事実である。その第一の限界は、米・英・仏・中・露の五大国のもつ拒否権にある。拒否権が存在する結果として、五大国の意志に反して、あるいは五大国に対しての国連による強制行動は不可能になっている。第二の限界は、国連は戦争をなくす手段として戦争を想定していることにある。この想定は、戦争をなくすための戦争は存在するのか、という悩ましい命題に逢着してしまう。第二次世界大戦において四〇〇〇万人といわれる犠牲者を出し、その反省のもとに国際連合が創設されたにもかかわらず、平和を維持する手段として武力による強制力を想定しなければならなかったという内在的な問題である。

こうしたジレンマを脱する試みとして国連の平和維持活動（以下、ピースキーピング）が、国連の実践活動の中で編み出され、一定の成果を収めたことは特筆に価する。ピースキーピングは、次のように説明することができよう。すなわち、世界の平和と安定に脅威となるような地域的な紛争の処理にあたって、国連の権威を代表する軍事組織を現地に展開せしめ、そうした組織の存在自体によって紛争の再発を防ぎ、これをあくまでも平和裏に解決する国連の活動である。ここに、ピースキーピングが敵のいない軍隊といわれるゆえんがある。しかし、残念なことに、近年のピースキーピングは成功しているとは言い難い。ピースキーピングの新しい形を模索しなければならないだろう。

複雑を極める冷戦後の世界において、ピースキーピングの新しい形を考えることは容易ではない。だからこそ本稿においては、①緊急展開が可能で、②常設の、しかも③民軍共同する、という限られた形においてピースキーピングの基本理念を発展させることを前提に、東アジア共同体への道筋を構想してみたい。

二　原則としての「保護する責任」

「保護する責任」（Responsibility to Protect：R2P）とは、自国民の保護を主権国家の基本的な義務と定め、この基本的な義務を果たす能力のない、あるいは果たす意志のない国家がある場合、これに代わって国際社会がそうした責任を負うという概念である。この概念は、従来の人道的干渉の概念に対する先入観を払拭し、新たに軍事的・非軍事的干渉の法的・倫理的根拠を模索することを目的に、二〇〇〇年九月に「干渉と国家主権に関する国際委員会」（ICISS）が作成した報告書に基づいて定義された。二〇〇五年九月の国連首脳会合成果文書において認められ、翌四月には、決議一六七四号において国連安保理でもその意義が再確認された。現代において、国家が基本的人権を守るという役割を果たせない場合には、これを「保護する責任」の文脈において国際社会がそうした役割を果たすことが想定されていると捉えることができる。この国際的に認められつつある概念を地域の行動原則として体系化することによって、人間の安全保障を主軸とした地域安全保障＝「支えあう安全保障」（Shared Security）実現の裾野が広がるのではないだろうか。

三　「支えあう安全保障」の実現を目指すパシフィック・パートナーシップ（PP）の進化

「支えあう安全保障」は、鳩山由紀夫前首相が二〇〇九年九月二四日の国連総会演説で使った言葉で、その行動主体や手法を限定せず、あらゆるステークホルダーが協力し、様々な手法を駆使して平和構築に取り組む新しい安全保障の形である。人間の安全保障を主軸とする「支えあう安全保障」を地域で実現する。このような考え方に立つと、新しい国際協調の形、その具体的な姿が浮かび上がってくる。東アジア共同体において、「機能的協力」の促進を深めるということである。例えば、二〇〇四年にインドネシアのスマトラ沖地震対応で示された米主導の国際共同キャンペーンである。

この国際共同キャンペーンは、二〇〇四年一二月のスマトラ沖地震による津波被害対策として米国政府が実施した「活動の統合作戦」(Operation Unified Endeavor)に対して、周辺各国が支援活動を協調して行なう枠組みを形成していったことに端を発する。米政府はこの経験を緊急災害対応における政府間協力の重要な教訓と位置付け、この教訓が、米太平洋艦隊司令部によって「人道的民間人支援」(Humanitarian Civic Assitance:HCA)というプログラムへと政策化された。PPは、二〇〇六年に正式にスタートし、現在では二〇か国以上が参加する本格的なキャンペーンへと成長した。

日本政府は昨年、PPへの正式参加を表明しているが、期限付きのキャンペーンに無原則で参加するのではなく、すべての参加国が同意できる明確な行動原則を設けるべきだろう。そうすることで、大国の都合や政治の動向に左右され難い、一定の原則に基づいた地域全体の共通政策(Common Policy)に昇華させる可能性がでてくる。

そうした共通政策の提案は、短期・中期・長期の三つの段階で構成される。すなわち、短期的には、行動原則の策定と当該原則に基づく民軍構成の日米人道救援任務部隊（Humanitarian Relief Task Force：ＨＲＴＦ）を創設し、この練度を高めること。中期的には、当該日米共同派遣チームの練度向上に伴い、域内国の参加を促し、既存の枠組みを強化し、更にその受け皿となる国連施設を国内に設置すること。そして長期的には、強化された枠組みを域内の共通政策として掲げ、国内設置の国連施設を地域協働機関の本部施設へと発展解消させることである。

四　具体的な第一歩――緊急人道支援・災害救援部隊の創設

二〇〇六年、当時米太平洋海兵隊司令部客員研究員だったロバート・エルドリッジ氏（現在、沖縄米海兵隊外交政策部次長）は、ウォレス・グレグソン米太平洋海兵隊司令官（現国防次官補）、ジェームズ・ノース第三海兵遠征軍米海軍分析センター代表らとともに、日本の安全保障専門誌「Securitarian」で人道・災害救援に緊急対応する常設日米共同作戦部隊創設の提案を行なった。それは、以下の主旨に基づいて、日米両部隊の共同派遣を行なうための体制構築とそのための訓練拠点を海上に設けるというものだった。

過去二〇年において大規模な自然災害は急増しており、国家が災害被害により単独では対処しきれないほど行政執行能力を失った場合に、他国が同意を得て、支援を行なう必要性が生じる可能性が高まっている。しかし、このような大規模な国家スケールの災害が発生した場合に迅速かつ効果的に対処する有効な国際的手段は、現在は前出のPP以外には存在しない。六〇日間の対処能力があれば、人道・災害救援需要の九〇%は満たされ、長期対応については後続部隊への引き継ぎが可能なのである。

こうした考え方を踏まえ、私の事務所が中心となって具体案を作成した。その柱は、五〇〇〇人の陸海空自衛隊員からなる旅団規模の自衛隊部隊を同数の海兵隊部隊と常時訓練させ、これを日米共同の人道救援任務部隊（HRTF）として編成するというものである。自衛隊から隊員が任意で参加できる形式をとり、二年間のローテーションとする。欧州安全保障戦略（ESS）に基づいてEUバトルグループで採用された特務形態を参考にして、こうした実働部隊案を作成したのである。

五　国連憲章第八章に基づく地域安全保障機構の創設を

ところで、HRTFのような実働部隊だけでは、地域の安定を図ることは困難である。前述のように、明確な目的を持った地域協働機構の創設が求められる。例えば、国連憲章八章に基づくアジア全体、環太平洋周辺国と協働する地域的な安全保障機構の創設である。私はここで、安全保障上の問題に地域的に取り組むことを促す、欧州のOSCE（欧州安全保障協力機構）に似た憲章第八章下のＲＳＣ（地域安全保障機構）の創設を求めたいと思う。

二〇〇五年にストックホルムの国際会議でスウェーデンの学者、ビョルダン・ヘトネとフレデリック・ソーダーバウムが発表した論文によると、国連憲章第八章に基づき設立された地域機関は複数存在し、このうち自ら第八章機関であることを憲章で定めているのはＯＳＣＥのみであり、憲章第八章機関であることの国際法上の条件等は存在しない。しかし、こうした機関の役割としては、域内の紛争、領土問題等政治問題の解決とともに、共通する脅威に対する安全保障的側面も想定される。現在、地域の安全保障上の懸念とされているのが、人道的危機や大規模自然災害への国際協力体制の不備である。

ＯＳＣＥは、紛争予防、人権擁護などの社会的権利保障から危機管理までをその活動範囲（ＡＯＲ）としている。これと同様に、当初は非公式なフォーラムという形でスタートさせ、日本の戦後補償の問題などを地域的に解決する媒介とし、安全保障上の問題も先ずは域内で解決を図り、それでも解決しない場合は安保理に付託するという仕組みをとればよいのではないだろうか。そのスタートとして、ＡＳＥＡＮ地域フォーラム（ＡＲＦ）の安全保障部門であるＡＳＥＡＮ安全保障政策会議を強化するという具体的ステップがとれるのではないか。

六　結論

明確な目的と原則に基づいた国際協働体制を構築できれば、我々は地域の中で連帯して共通の脅威に対応することができる。東アジアにおいて我々が直面する当面の安全保障上の脅威は、北朝鮮の核の問題と、大規模自然災害等による人道的危機への対処等である。これらの脅威に個別具体的に対応する機構を条約や協定に基づいて作り上げ、これらを最終的には一つの地域協働機構、地域共同体の機能として統合すれば、東アジア共同体構想が目指す機能的協力の促進という一つの目標は達成される。それは東アジア共同体実現に向けた具体的なステップにほかならない。この目標が共有されれば、我々は確実に、我々の目指す地平において相互に支えあい、「人間の安全保障」の実現という共通の目標を連帯して実現する力を持ち得るだろう。

平和共同体の構築 ──国際舞台からの教訓と実践──

クリス・ライス

今、世界の多くの場所で、新しい共同体の構築を願う清新な願望よりも、ナショナリズム、部族主義、カーストそして階級の血が激流となって流れている。私は、こうした挑戦に対して二つの焦眉の問題を提起することにする。二〇〇四年、ルワンダで起こった一〇〇万人大虐殺から一〇周年の記念の年にあたり、私はルワンダの大虐殺記念館を訪れた。殺戮の多くは、親しい人たち同士が殺し合う、近隣の人が近隣の人を互いに鉈《なた》で殺し合うというものであった。キリスト教徒の一人として、私は殺した人と殺された人のほとんどがキリスト教徒であったという事実を知るのは大変辛いことであった。ある指導者は、ルワンダのキリスト教はもう一度最初からやり直さなければならないと語った。しかし、私はもう一つの疑問に悩まされた。それは、「私たちは人々をどのようなキリスト教へと教え育み、導いていったらよいのか」ということである。一年後、ルワンダのある聖公会司祭が私に語った。教区民のほとんどが、一九九四年の殺人に参加したということを知って衝撃であった、と。彼は私に問いかけた。「私たちは、殺人に対して〝NO〟と言えるキリスト教徒をどのように生み育てていけばよいのか」と。

　私はこれまで米国の民族和解の取り組み、巨大な暴力と貧困が存在する東アフリカでの取り組み、そして国際的な取り組みに関わってきたが、その中で、以下の二つの焦眉の問題が、今、私の直面する挑戦となっている。第一に、私たちを捕らえて離さない悪意とは何か。私たちの国家共同体や宗教共同体の中で、私たちはどのような社会的アイデンティティを身につけ、見知らぬ人や敵と共に生きる共同体より、分裂を好み、さらには暴力さえ好むようになるのか。第二に、真実そのものの希望――悪意を乗り越え、人々、そしてこれらの人々のアイデンティティや共同体を根底から変える希望――とは、一体、どのようなものか。私は五つの取り組むべき課題を考えている。

一　第一の課題――「何に対する平和か？　何に対する和解か？」

　平和構築・和解・紛争解決に関する美辞麗句や発言、そしてさまざまな会議が雷鳴のように響きわたっている。しかし、預言者エレミヤが叫んだように、あまりにもしばしば、「彼らは、手軽にわたしの民の傷を癒し、平安がないのに『平安、平安』と言っている。(*1)」。人のもつ平和観には、優位な文化への融合へと導くものもあれば、不安定な共存へと導くものもあり、そしてまた記憶喪失へと導くものもある（「許して、忘れましょう」）。さらにまた、共同体をそのままにする苦い正義の追求へと導くものもある。米国では、これまで少数派の法的な勝利は数多く存在するが、国政の上では依然として黒人の共同体、白人の共同体、そしてラテンアメリカ人の共同体が分離されたまま存在し、地域共同体の中で信頼しあう生活を共有することはほとんどない。

寛容、攻撃、民族的・国家的自足性を超えた共同体の新しい未来を構築する、より深い、そしてよりよいヴィジョンとは何か？　そしてまた傷を軽々に理解するのではなく、敵や見知らぬ人を友情・相互転換・共通のミッションの新しい場所へと変容させるヴィジョンとは何か？「見よ、わたしは新しい事をなす。やがてそれは起る、あなたがたはそれを知らないのか。わたしは荒野に道を設け、さばくに川を流れさせる。(＊2)」。「新しい事」とは、深くて犠牲の大きいもの、犠牲にするに値する「より良いもの」を共有し得るヴィジョンを必要とするものである。マーティン・ルーサー・キングは、アメリカの公民権運動が激しかったころ、そのようなヴィジョンを述べていた。法的な勝利は十分ではなかった。――「ボイコットは、それ自体が終わりではない。……それは（終わりとは）和解である。終わりとは救いである。終わりとは愛する共同体の創造である。……それは、人類の心に奇跡をもたらす愛である。」。何に対する「和解」か？――それは愛する共同体、すなわちキングが「反対者を友人へと変えることのできる一種の愛と精神と見たもの」のことである。分裂という現実の状況の中で愛する共同体が存在するには、心と精神とコミュニティの中にどのような〝奇跡〟が求められるのか?

二　第二の課題——真実の表現「今、何が起こっているのか?」

聖書伝承は、悲しみの贈り物とその抑制について語っている。悲しみは、固定するものではなく、断絶の力、壊れたものについての真実を見ることである。悲しみは、痛みの中で見ること、名づけること、そして立つことである。最初の問いは「私たちに何ができるのか?」ではなく、「何が起こっているのか? どうして起こったのか?」と問いかけることである(例えば、ルワンダ大虐殺によって惹き起こされた部族化したアイデンティティと政治の歴史の複雑性から学び、名づけること)。悲しみは、抽象的なものではなく、再配置——痛みの場所の内なる現実——を求めることである。新しい平和共同体を具現化するには、悲しみの抑制を学ばなければ不可能である。さもなければ、希望は表面的なものとなる。

三　第三の課題——「希望とはどのようなものか?」

平和は、革命によってか、それとも制度の漸進的変化によって実現されるかということは、間違った二項対立の議論である。しかし、もう一つの方法、別の物語がある。

私は、次のように確信している。希望の種はいつも植えつけられている。しかし、それはしばしば私たちが期待しているような形で、あるいはまた求めているような形で植えつけられてはいないということである。痛みの深い場所の中に、人目につかないが、しかし深い希望の物語が沢山あり、それらは分裂を超えて全く形を変えた生活と共同体について語っている。私は、それを東アフリカのブルンジから米国のボルティモアまで目にしてきた。これらの物語は、その土着の地固有の転換が可能であることを証明している――物事のありかたは、物事はかくあらねばならない、ということではない。あまりにもしばしば、学者は平和の専門家であるかのように見られている。私たちは、もうこれ以上、平和の理論家を必要としていない。私たちは、それぞれ希望をいだく、その土着の地固有の知恵を結集し、それに光をあてる、もっと多くの学者を求めている――これらの物語を捜し、語り、そして実践を分かち合う学者たちである。

私が東アフリカの取り組みから得た贈り物は、土着の三人の優れた、無名の平和運動家と希望の共同体を発見したことである。――ブルンジのマギー・バランキセ、ウガンダの助産師アンジョリーナ・アトヤム、そしてスーダンのパリーデ・タバン司教である。彼らの物語は、希望が平和について語り、教え、あるいは交渉すること以上のものを求めていることの証左であることを示している。私たち自身が平和であらねばならないのである。平和を作る人は、彼ら自らが癒しを求めているのに気づき、癒しが敵との関係から離れてはあり得ないことを知り、彼ら自身の生活において平和を体現している人である。彼らの物語が私たちに教えているのは、ルワンダ大虐殺とアメリカの人種的障壁に取り組むことはいずれも大変に大きなものであるが、しかし、愛することが最も難しいあなたの隣人を愛することより以上に、大きな平和はないということである。私たちは、公正さを回避しては正義に近づくことはできないのである。

このような土着の人々の物語は、歴史の教訓を裏付けるものである。すなわち、平和への希望は慈悲の中断を必要とする。世界で最も深遠な平和活動は、傷つけられた者たちによって始められてきた。——アメリカのキング、セザール・チャベス、インドのマハトマ・ガンディー、南アフリカのネルソン・マンデラである。特にマンデラは、ロベン島で監獄に監禁されたが、彼の監獄生活は、どういうわけか、看守の友となり、黒人と白人が共に暮らす未来をすでに生きているかのようであった。

四　第四の課題——「なぜ妨害するのか？」

平和を作る人々は、しばしば民衆に対する裏切り者のようにみられ、それ故受難の人となる（ガンディー、キング、アンワル・サダト、ジョン・F・ケネディを考えれば、彼らはすべて暗殺された)。

平和の追求は、犠牲が大きく、孤独で、困難である。すべてこのように平和を求める人々は、一度ならず、幾度も幾度も自分に問いかける。「なぜ妨害するのか」と。私は一七年間、アフリカ系アメリカ人の宗教指導者、ジョン・パーキンズと一緒に働いてきた。一九七〇年、パーキンズは公民権運動で死にかけるほど殴打された。その後、彼は白人を救うことをほとんど諦めかけていた。彼は、殴られた痣《あざ》とともに病院のベッドに横たわっているとき、十字架の上にいるキリストの姿を見た。キリストは、「彼らを赦しなさい、彼らは何をしたかを知らないのです」と彼に語りかけたのである。彼の想像の心がこのように変化することによって、彼はミシシッピの暴力の真っ只中で四〇年間にわたって人種的和解への奉仕の仕事に転じることとなった。

ナショナリズムと民族主義を超える新しいアイデンティティと愛する共同体は、しばしば激しい抵抗を受ける。断絶の力は強く、社会変革の創造は肉体的・精神的な消耗へと導く。平和を作る人の持続可能性は、途方もなく大きな挑戦である。私は、デスモンド・ツツが、彼の自宅の裏に建てたチャペルに一人で静かに座っている写真を持っている。人々は平和の民衆扇動家である公のツツを知っている。しかし、そこには公のツツは存在していない。自己を超えるものに祈り、耳を傾け、自己の願望以上に大きな構想を理解する私人としてのツツがいなければ、確実に南アフリカの真実和解委員会は存在していないのである。

五　最後の課題――ルワンダの大主教の問い「深い痛みの中で、私たちは暴力に対して〝NO〟と言える人々をどのように育てていくのか？」

私たちはジョン・パーキンズ、デスモンド・ツツ、マギー・バランキセのような、平和を作る人たちを、どのように育成していくのか？　私は、二つの出発点、力に取り組む二つの実践と方法を見てきた――それらは、いずれも新しいアイデンティティやヴィジョン、そして分裂を超えた愛する共同体の実現の願望のための深い種を植えるものである。

最初の実践は、不惜身命の活動に挺身している活動家の人々の共同体を創造することである。少しも休まず、より良いものを求めているリーダーたちが常に存在する。しかし、彼らは孤独を感じており、いささか正気を失い、特に活動の場を異にする他の活動家のリーダーたちの存在に気づかないのである。互いを知り合い、困難な会話を交わし、ルワンダの諺で、「食事をする口の音が聞こえない限り、口が泣いているのは聞こえない」という言葉の真実を学ぶ場として集まるためには、静かで、非公開の場所が必要である。私は、活動家の人々の力強い共同体が出現したのを見たことがある――それは、スーダン、ケニア、コンゴ、ウガンダ、ルワンダ、ブルンジと、しばしば互いに争っていた甚大な暴力の地からキリスト教指導者を集めるために、東アフリカのパートナー（デューク、ワールド・ビジョン、そしてメノ派教徒中央委員会）と協働した五年後のことであった。さまざまな場所での多くの集会や巡礼があった（次の二番目の実践を参照）後、過去に不信を持っていたこれらの指導者たちは、希望の運動に取り組む「新しい私たち」になろうとするのである。彼らは、土着の地の実践と知恵を共有する。彼らは、共同体を通して旅の希望とエネルギーを見つける。彼らは、報復を越えて友情を培うための希望に向かって根底から変容されていく。

第二番目の実践は、巡礼である。「再配置の認識論」は、私たちに次のように教えている。すなわち、ある種の真実と改変というものは、私たちの身体を違った場所に移動し、分裂を超えてさまざまな物語に取り組むときに初めて起こることが可能となるということである。多くの場合、平和の取り組みはあまりにも頻繁に、そしてあまりにも早く動いていく。私は、痛みと希望の巡礼の力がどれほど大きいものかを見たことがある。それは、私たちが分裂したグループの指導者を率いて（ブルンジのアフリカ人指導者と共に、そしてまたヴァージニア州の州都リッチモンドのかつての奴隷港で活動する多様な人種からなる米国の指導者と共に）、痛みと希望の場所へ、何日間かバスで共に旅行し、途中立ち止まっては、痛みと希望の物語を見たり、聞いたりし、食事を共にしたときのことであった。もし彼らが行動と内省を通して正しく導かれ、「求めざるに自ら得たり」の道へと開かれているならば、巡礼はより深く分かち合う真実へと導いていくことになる。巡礼は、情熱を高めることもあれば、冷やすこともある。巡礼は、私たちを共有された経験、そして互いによりよい未来を実現する願望とそうした未来への夢を持つ者にしてくれる。巡礼のパラダイムは、平和が単に技術の問題ではなく、心と精神の改革を求めるものであり、それは参加者が新しい真理、新しい願望、新しいヴィジョン、新しい関係を共にすることで驚きを覚える旅を通して実現されるものであることを強調するのである。

活動家たる人々の指導者共同体も、痛みと希望の巡礼も、共に心、精神、そして想像の力の転換——分裂の悪意から愛の共同体への転回——の力強い学びの場となり得るのである。

(クリス・ライスは、米国のデューク神学校における「和解のためのセンター」の共同ディレクターである。著書に、〝*Reconciling All Things*〟〝*Grace Matters:A Memoir of Faith,Friendship,and Hope in the Heart of the South*〟〝*More Than Equals:Racial Healing for the Sake of the Gospel*〟がある。彼は定期的にブログ調停者で書いている。)

【註】

＊1　「エレミヤ書」第六章第一四節（日本聖書協会発行、一九五五年改訳、一九九二年）

＊2　「イザヤ書」第四三章第一九節（前掲書）

（翻訳・三善恭子）

東アジア平和共同体の建設と国際社会の役割

林　炯眞

一　競争し合う東アジアの富国強兵

東アジア諸国は、平和共同体の建設という理想を抱き、長い間、その実現を夢見てきた。特に、一〇〇年前に殉国した安重根義士の「東洋平和論」は、今日においても依然として東アジア諸国の平和と共存のための方策としてその有用性が認められている。彼が主張したアジア共同体および地域経済論を実現するために韓・中・日三国の間で共通の貨幣を発行し、共同の軍隊を創設すれば、現在活発に活動しているヨーロッパ連合（ＥＵ）を超える理想的な共同体――東アジア平和共同体――が創設されることになろう。

しかし、韓・中・日はそれぞれ巨大な国家目標を設定し、その目標の達成のために互いに相競っているのが昨今の現実である。中国は「大国崛起」の野望を露にし、強大国を目指しているし、日本は経済力と軍事力を兼備した普通国家への転換を望み、そして韓国は「七四七政策」のような大国志向の富国強兵を国家の目標としている。このように、これらの諸国が専ら自国の利益を追求し、この地域において中心的な役割を果たそうとすれば、東アジアの平和と共栄は知識人による机上の空論に留まる可能性が極めて大きいと言わねばならない。

東アジア平和共同体の建設を妨げているいま一つの問題は、この地域で発生する事柄がこの地域に極限されず、必然的に外部世界とも関わりを持たざるを得ないという現実である。すなわち、東アジアは、伝統的にアジアの諸国はもとより、世界の強大国が勢力争いを繰り広げた舞台であった。このように、この地域では帝国主義諸国の利益が最も先鋭な形で対立し、その結果、この地域の住民は甚大な被害を被ってきたのである。東アジアは、今日でも依然として国際政治の中心的な舞台となっている。それ故、この地域に属する諸国が賢明に対処しなければ、このような歴史は今後とも繰り返されるものと思われる。

実際に、東アジアは、共同の安全保障協力体制が成立していない世界唯一の地域である。ヨーロッパには北大西洋条約機構（NATO）、オセアニアには太平洋安全保障条約（ANZUS）、東南アジアには東南アジア条約機構（SEATO）、南北アメリカには米州機構（OAS）、アフリカにはアフリカ統一機構（OAU／OAUは二〇〇二年に消滅、アフリカ連合African Union：AUとして新たに発足）、そして中東地域には中央条約機構（CENTO／一九七九年に消滅）がある。六つの大陸のいずれにもすでに共同の安保体制が成立しているのに、東アジアだけに集団安保機構が存在していないという事実は、東アジアの状況がそれだけ不安かつ危険な要素を内含する抗争的な構図を維持していることを示している。このように、東アジアは、依然として冷戦の残滓や遺産がそのままに残っている世界唯一の地域なのである。

二　過去の歴史を克服する努力――未来のために

今年（二〇一〇年）は、韓日強制併呑一〇〇年目の年である。一〇〇年という長い歳月が過ぎ去ったにもかかわらず、いまだに日本は、韓日併呑、およびその後展開した東アジア侵略戦争に対する歴史的な負債を清算していない。日本の人士の中には、日本帝国主義の過去の歴史を誇らしく回顧したり、また過去の歴史が不可避的なものであったと強弁する右翼の跋扈を許容する者もいる。彼らは、第二次世界大戦ならびに東アジアに対する植民地支配および侵略の歴史を否定的に描写する歴史書を自虐史観と呼び、日本の因襲的な思想や伝統を中等教育の必修科目に包含させ、国家主義のイデオロギー教育を強化している。日本は、平和憲法を持つ国家としての政体を放棄し、いつでも戦争を行使できるような「普通国家」に復帰しようとしているのである。このことは、周辺諸国を再び緊張させ、ひいては東アジア共同体の設立をより一層困難なものとしている。

実際に、東アジア平和共同体の設立の前提条件は、過去の歴史を完全に克服し、東アジア全体のための新しい時代を切り開く協働の作業を行なうことである。近代史の中で東アジアの人々が経験した苦痛を克服するためには、以下の三点の先行条件が必要となろう。

第一に、日本は恣意的に犯した犯罪を自ら認め、真摯に謝罪しなければならない。これまで日本は、幾度にわたって過去の植民地支配に対し謝罪し、かつ反省をしてきた。しかし、日本の政治家の中には、そのような謝罪行為を無視しているかのように、周辺諸国を刺激する発言を頻繁に繰り返すだけではなく、領土紛争をも惹き起こし、周辺諸国を緊張させている。このようなことが繰り返される限り、日本が行なった謝罪は誠実性を欠くものと見られ、周辺諸国の信頼を得ることは到底できないであろう。

第二に、過去の歴史に対する反省にとどまらず、被害者に対する適切な補償が行なわれなければならない。韓国の場合、韓日国交正常化（一九六五年）によって、過去の歴史に対する賠償が相当な部分において行なわれたとされている。しかし、強制連行および従軍慰安婦の問題などの民族の心を傷つける敏感な領域、ならびに私企業による労働賃金の未払いのような問題は、依然として未解決のままにある。第二次世界大戦の戦犯国家であるドイツが被害を蒙った諸国家に対し持続的な補償を行ない、さまざまな配慮を払っていることは、私たちに多くの示唆を提供している。

第三に、真の意味の民主主義的な共同体を構築し、民主主義の価値が市民の間にその根を下ろすようにしなければならない。民主主義的価値こそ、東アジア諸国が新しい未来に向けて定着させていくべき政治体制である。東アジア平和共同体の設立は、民主主義的価値と理念に基づいて制度的補完が行なわれなければならない。この意味において、過去の歴史は、東アジアに住むすべての住民の間に民主主義的価値が定着化されてはじめて克服し得るものと言うことができよう。

ヨーロッパ連合（ＥＵ）の形成において最も大きな問題となったのは、ドイツの参加の問題であった。なぜなら、当時、多くのヨーロッパ諸国はドイツとの関係をどのように明確に定立すべきかの問題について、苦慮腐心していたからである。しかし、ドイツは過去の歴史を徹底的に反省し、恥ずべき過去と確然と決別した。その結果、ドイツは、周辺諸国から平和的なパートナーと認められ、過去の歴史の罠から脱し、ＥＵの設立に主導的に参加し、貢献することができたのである。さらに、ドイツはＥＵの誕生にあたってその経済的貢献は大きく、その単純な過去の歴史の克服からさらに一歩進んで、ヨーロッパの統合という大きな功績を打ち立てたのである。ヨーロッパの新しい国際秩序の形成に寄与し、「施す国家」として生まれ変わったのである。ドイツは、ヨーロッパ共同体という、より大きい「大義」の実現のために努めた結果、国際的共同体から信頼を獲得し、ドイツの統一のための国際政治的な環境を醸成する道が開かれたのである。

結局、以上の三点の先行条件が実現されない限り、真の意味における過去の歴史の克服はできないであろう。さらにまた、過去の歴史を正しく克服するためには、新しく形成された民主主義的価値と秩序を基盤にした民主主義的制度の光の下で、過去の非民主主義的体制の下で犯されたすべての誤謬と犯罪を清算しようとする姿勢が要請されねばならない。

三　東アジア平和共同体と朝鮮半島の統一

東アジア平和共同体の設立の鍵は、朝鮮半島にある。特に、北朝鮮の核問題によって惹き起こされた東アジア全体の緊張が持続する限り、東アジア平和共同体の設立への道は遠ざかることになる。逆に言えば、これこそ平和共同体の設立がいかに緊急、かつ喫緊な課題であるかの証しとも言える。朝鮮半島の緊張の緩和と朝鮮半島の分断の解決は、東アジア平和共同体の設立のキーポイントとも言うべき問題なのである。

南北朝鮮は、去る半世紀以上、苛酷な試練と民族分断の桎梏《しっこく》に苦しんできたが、新しい世紀は、確実に和解と平和の理想的な民族国家が樹立される転換の時となるものと確信している。民族の分断によって惹き起こされた無数の害悪は、南北朝鮮の住民に限らず、東アジアにおける諸国とその住民にも及んでいる。勿論、南北朝鮮は分断を克服するため統一を目的とするさまざまな活動に全力を尽くしている。しかし、東アジアの複雑な国際政治的状況と絡み合って、南北朝鮮の自らの能力と努力だけでこの民族の分断問題を解決することは極めて困難になっている。さらに、北朝鮮が保有している核兵器は、たとえ自衛のためとはいえ、より大きな問題を点火させる新しい「起爆剤」となる可能性が十分にある。

　朝鮮半島の分断を克服するための第一歩は、分断の原因を治癒することから始めなければならない。朝鮮半島の分断が第二次世界大戦の産物であるとすれば、東アジア諸国はすべてこれに対する責任を負わねばならない。実際、東アジア諸国は、相当の部分において朝鮮半島の分断の原因と深刻化に大きく関わってきた。それ故、この問題の解決に一定の役割を果たすことが要請される。朝鮮半島の分断が維持される限り、東アジアの平和と共存は不可能である。なぜなら、朝鮮半島の統一にとって、東アジア諸国の協力はもとより、積極的な支援が必要不可欠だからである。去る二〇一〇年六月二九日に、中国と台湾の間で締結された「経済協力枠組み協定」に対し、周辺諸国は何ら不満を示すことはなかった。これと同じように、朝鮮半島の統一が実現されるためには同様の協力が必要となる。統一された朝鮮半島は、決して排他的な民族主義を打ち出す行為はしないであろうし、特定の国家の利益に与《くみ》することもないであろう。東アジア諸国は、統一された朝鮮半島が東アジアの平和と繁栄に寄与する国家として生まれ変わるであろうということを明確に認識し、朝鮮半島の統一を支援しなければならない。

分断の原因を治癒するということは、政治的には分断を惹き起こした諸要因を取り除くことを意味するが、思想的には分断の主要な原因である「心の障壁」を取り除くことを意味する。朝鮮半島の統一は、最も現実的なアプローチを通じて推進されなければならない。同時に、朝鮮半島の統一は未来志向的でなければならず、そのための目標と原則を明確に確立しておかねばならない。朝鮮半島の統一の目標は、統一それ自体ではなく、統一が追求する理想、すなわち歪曲された近代史を修正すること、ひいては東アジアの住民が民主的な制度の下で平和な生活を享受できることにある。

四　東アジアにおける宗教者の役割

私たちが願望とする東アジア平和共同体の創設の努力は、まず小さい枠組みから始められなければならない。特にこの問題に共感する東アジアの宗教者の役割の重要性は、いくら強調しても強調し過ぎるということはない。宗教は、人生の最も根源的な問題を取り扱うものである。文字から見た場合、「宗教」という言葉は「宗」（すべての事物の根源）、そして「教」（人生の道理を教える）から成っている。したがって、宗教は「すべての教えの中の最善の教え」、すなわち「根源についての教え」ということを意味する。換言すれば、宇宙の根本、人間性の根本、その他この世のすべてのものの根源を神とも、道とも、または天とも言い、これらの基礎の上に人間はいかに生き、社会をいかに組織し、文化と芸術をいかに発展させ、人間がいかにして意義ある、かつ価値ある社会生活を営むことができるかということに助力するのが、宗教の目的なのである。

したがって、地球上に存在するすべての宗教は、真理を実現し得る道徳的、かつ健全な人間を育成し、社会の秩序を確立し、それによって社会のさらなる繁栄と発展に寄与する一定の役割を果たしている。宗教の教える慈悲、愛、恩恵、奉仕、謙譲、「事人如天」（天に仕えるように人に仕える）などの徳目はすべて、社会を維持させる根本的な価値にほかならない。東アジア平和共同体の性格も、どのような心性の持ち主が主導的な役割を担うかによってその在り方が異なってくるであろう。宗教者が東アジア共同体の設立に良き模範を示し、先導していけば、東アジア平和共同体のすべての人々がその模範に従い、東アジア共同体の完成に向かっていくものと、私は確信するのである。

一九一九年（己未年）三月一日、韓国では日本の帝国主義に抗して独立運動が展開された。これは、朝鮮半島だけではなく、海外に移住していた大部分の韓国人も参加した、有史以来最大の国民運動であった。この運動を主導したのが、宗教者であった。彼らは宗教者であったこともあって、この運動を非暴力の運動、無抵抗の運動として指導していった。結果的にこの運動は、銃と刀によって無残に鎮圧され、水泡に帰したが、その運動の意味と価値は近隣諸国に影響を与えていった。これは、一つの民族が独立を勝ち取るために展開した民族運動であると同時に、普遍的な平和と人権の価値を擁護するための運動でもあった。己未年の三・一独立運動は、今日、世界万人が認める最高の価値、すなわち個人の自由の伸張、反人道的な不平等と差別の撤廃、主権国家の平和共存を可能にする国際秩序の実現を祈願とする運動であった。東アジア平和共同体の創設には、なによりも東アジアの宗教者の模範的な行動による積極的な役割が要請される所以もここにある。これはまさしく三・一独立運動の精神に由来するものなのである。

（翻訳・金永完）

東アジア平和共同体の建設と国際社会の役割

李　光熙

一　地域集団安全保障の構造が形成されない東アジア

東アジアは、中国・台湾・韓国・北朝鮮・日本・ロシアなどの国が存在する地域であるが、この東アジアはいまだに地域集団安全保障の構造が形成されていない世界唯一の地域である。ここにはさらに本土は遠く離れているとはいえ、自国の軍隊を駐留させ、依然として強い影響力を行使している米国も確固たる勢力の一軸を成している。ここには、韓米相互防衛条約、米日相互協力及び安全保障条約、朝中および朝ロ相互条約といった二国間の防衛条約が存在するだけで、集団安保体制は形成されていない。その原因は、この地域が大陸勢力と海洋勢力によりり峻烈な対決が展開している場所――その境界線が朝鮮半島の三八度線である――であり、そしてここにおいて最も重要なことは、海洋勢力の米国が日本と韓国をその支配権の下に置き、大陸勢力の中国を牽制していることである。

強大国は弱小国を従属させ、強大国の国家利益を最大化しようとする。弱小国は、国家間の力の均衡を利用し、他の国家または国家以外の非政府集団と連帯し、かつ協力し合って、国家の安全と利益を追求しようとする。しかしながら、国家権力の基盤が大衆に源を置く平和的なものではなく、むしろ暴力と独裁に基礎を置くときは、容易に対決主義あるいは好戦主義に転じてしまい、平和は破壊へと流れ込んでいく。

好戦的勢力は過去において常に存在したし、現在においても存在し続けている。好戦的勢力は、戦争を利用して莫大な富と権力を迅速に掌握してきた。軍需産業と権力間の癒着は、地球上の数多くの戦争と非理性的な殺戮の裏に潜む現実なのである。

二　経済的・文化的共同体および平和共同体の形成と地域集団安全保障の実現

今日、東アジアでは、米国の力が衰退しつつある状況の中で中国が上昇し、新しい均衡が形成される可能性が存在している。東アジアは経済的近接性と文化的共通性が高いため、このような経済的・文化的共同体という基盤を活用すれば、平和共同体の設立は可能となる。

三　平和共同体および経済的・文化的共同体の実現のための努力

1、中・日・韓国・北朝鮮の間における過去の歴史を清算する努力がなされなければならない。

東アジアの近現代史において、日本は加害国・侵略国の立場にあり、韓国・北朝鮮と中国は被害国の立場にある。数千年にわたる文化的な共通性が存在するにもかかわらず、人的・物的被害が依然として残存している状況の下では、過去の侵略の歴史に対し相互に認め合えるような清算が行なわれなければ、共同体とは名ばかりで有名無実なものとなろう。

また、朝鮮戦争の交戦国の間においても清算のための行動がなされなければならなず、停戦協定を平和協定に転換させることは、平和の実現のための必要不可欠な責務ということになる。

2、米国と中国の覇権主義を解決する鍵は、韓国・北朝鮮関係にある。

今日、中国と米国は東アジア地域で覇権掌握のための争いを競っている。この競争が平和的「共生」を目的とする互恵の競争となるか、それとも破壊的「相克」の競争の悪循環と化するかは、ひとえに韓国・北朝鮮関係のあり方のいかんにかかっている。

3、米・中・日・韓国・北朝鮮がすべて平和になるためには、反戦平和運動の実践が必要である。

歴史的にみれば、東アジア諸国はいずれも常に戦争に巻き込まれる運命共同体的な状況の中にあった。凄絶な戦争に二度と巻き込まれないためには、国内外において反戦平和運動の実践が必要である。国内的には、好戦的な勢力が独裁を盾にしないように、そしてまた対決的な政治路線を阻止していかねばならず、国際的には、反戦平和運動を連帯して展開していかなければならない。

四　提言――平和共同体の実現のための国際的な協力の方策

1、反戦平和運動――情報公開と立法

好戦的な勢力は、戦争で金権を獲得していく過程で政治と経済の癒着、秘密工作、闇取引、不法と脱法、そして欺瞞を目的達成のための手段として使用する。このような野蛮で、かつ非理性的・非人間的な戦争の現実、ならびに好戦的な勢力による策謀の実状を公に周知させる運動を行なうことが重要である。情報化時代と言われる今日において、このような情報公開は大衆的・組織的・民主的・公開的な市民運動によって可能となったが、今後も引き続き行なわれていかなければならない。

さらにまた、不正義の戦争の特徴の一つは、戦争の遂行決定者、戦争の恵沢を受ける者および戦争の犠牲者（被徴用者）がそれぞれ異なるということである。戦争の遂行決定者と戦争犠

牲者を同一にする立法が制定されれば、戦争の防止と平和の維持を可能とする立法ということになろう。しかし、こうした理想的立法は長い時を必要とするものであるから、このための前段階として、私は「公職者平和誓約運動」の実践を提案したい。この公職者平和誓約運動は、選挙によって選出された公職者をはじめ、可能な限り多くの公職者に平和の誓約を行なわせる運動である。その平和誓約の内容は、次の通りである。すなわち、「私は、公職の職務にある限り、戦争に反対し、防止し、そして平和を実現し、平和を擁護します。もし戦争に参加する以外に他の選択の道がない、いわゆる正戦の場合は、私自身および、私のすべての親族が戦地に出征いたします。」。

2、地方政府の間における平和の連帯および経済的・文化的紐帯の連帯運動の展開

地方自治が発達している今日においては、中央政府よりも地方政府のほうがはるかに自由に地方政府間において平和の連帯および経済的・文化的紐帯の活動を形成することが可能である。このような地方政府間の連帯が活発に展開されれば、国際的な平和の連帯も一層容易なものとなろう。

3、設立推進機構の結成と宗教団体および市民団体の役割

東アジア平和共同体の成立のための設立推進準備機構の結成は、大衆的な市民運動という形で行なわれなければならない。そして、その目的に賛同するすべての個人、すべての市民団体およびすべての宗教団体がこれに参加すべきものでなければならない。特に宗教団体は、自己の過誤を率直に認め、「逆之思之」（相手の立場に立って考える）の心で他者を理解しようとする態度で模範を示さなければならない。

（翻訳・金永完）

対話――「東アジアの平和教育」へと前進するために

井手弘人

一　はじめに――長崎から考える、「平和」の意味

長崎は、現在のところ、世界で最後の被爆地である。世界で最初の被爆地である広島との違いを敢えて言えば、「現在のところ」という条件付きで、六五年間、最後の被爆地であり続けてきた点であろう。長崎で行なわれてきた核廃絶の運動やメッセージは、この「条件」が取り除かれ、名実共に最後の被爆地として確定されることを目指して、推進されているということになる。原子爆弾の惨禍を知っているこの街において、「被爆地」と言われることは決して名誉なことではない。しかし、長崎からの願いは、思想・信条の別を問わず、そこに集約する以外にない。ここに、被爆地から発信される「平和」の重みがある。被爆の記憶は消去も美化もできないのである。

もう一つ、長崎が被爆地であることについて、特別な意味がある。長崎は一五七〇年に街の形成が開始され、その翌年にはポルトガル船が来航し、国際港となった。長崎は、街の開始とほぼ同時に国際交流都市となり、以後四五〇年余りの間、西洋・東洋を問わず、外国との関係が断絶されることのなかった日本で唯一の都市である。街の記憶に常に「世界」があるはずのこの都市が被爆地であるのは何故なのか。日本人被爆者だけではなく、一万二〇〇〇人余りの韓国人被爆者、六五〇人余りの中国人被爆者、アメリカ・イギリスを含む外国人被爆者の存在とともに、長崎は「世界」と「平和」を考え続けなければならない場所であるとも言える。

平和を考える、とはどういうことなのか。被爆地長崎の視点から、かつ、次世代が平和を考える機会としての平和教育を事例に、考察してみたい。

二　日本の平和教育――成果と課題

村上登司文によれば、日本の平和教育は一九五〇年代から組織的な取り組みが始まり、戦争体験の風化が進みはじめた一九七〇年代に入ると被爆体験を伝える平和教育実践運動が広島長崎から開始された、としている。一九八〇年代以後、いわゆる「教科書問題」が発端となって、それまでの戦争被害の当事者体験を通した平和教育を超え、戦争加害の題材が教科書や平和博物館の展示内容として部分的に取り入れられ、ポスト冷戦期に入った一九九〇年代には、核戦争の危険性が低下したことによって反核平和教育への関心も低下し、代わって民主主義と人権のための教育が平和教育の中心的課題になった（村上、二〇〇九）。

こうした日本の平和教育の展開過程を見ると、日本国内の戦争体験当事者の「被害」を基点として、次第に海外を含めた日本の「加害」の側面へと言及していき、冷戦後は国際機関などが提唱する「グローバル・スタンダード」の平和の視点に沿った平和教育が拡がっていった姿を理解できる。しかし筆者は、日本においては、「グローバル・スタンダード」の平和教育の「自国化」をめぐって、根本的な対立状況があると考える。すなわち、日本で発展してきた平和教育は、戦争という直接的暴力が招来した内側の被害を教材化し、それを繰り返さないために「「戦争」を避ける」認識の育成を目指したものと言え、「加害」の側面が語られる場面についても、従来から反戦平和教育に積極的であった教師層が、教科書問題を契機として対象を拡大する形で、平和教育の一環で重視されるようになったと言える。逆に言えば、これとは別の視点から戦争の「被害」を扱う指向をもつ教師層、すなわち「正義の戦争」の犠牲者として戦争被害を見る視点からすれば、「正義」の下での「加害」はそもそもあり得ない。両者の立場が混在する中でポスト冷戦期の「グローバル・スタンダード」に立つ平和教育が入ってきたとしても、当然のことながら受け止め方は異なる。一方は、積極的平和論の下、武力を伴う平和に反対するか、その逓減《ていげん》の方向に向かう思考や態度の育成を平和教育の目的と考えるだろうし、もう一方は、消極的平和論の下、「平和」を目的とした武装した組織の活動によって、「グローバル・スタンダード」のミッションに貢献している点を理解させようとするだろう。日本の平和教育は現実的に、「正義」の在り方をめぐって平和観が分裂した中で行なわれており、それ自体がそれぞれ連続性を保ちながら、地球規模の「平和」を希求しようとしているのである。このような状況は日本の場合に限ったことではないが、日本以外、とりわけ東アジア諸国がどのように見るのか考えれば、日本から発信される「平和」は二重構造のように見えるだろう。

三 「東アジアの平和教育」は可能か——歴史教育の視点から

日本の平和に対する現実的状況をこれまで話してきたが、日本において「平和」の定義を一元化していくことは容易な道ではない。その理由は、日本が言論の自由を保障された民主主義国家だからである。ドイツのように、日本は帝国主義国家時代の行為を国家として否定し、侵略した国家との対話を推進したとは必ずしも言えない。「欧米諸国」に対する「アジアの解放」が「平和」構築のための戦争の大義であり、近代における日本の戦争すべてがその過程であった、と考える立場からすれば、第二次世界大戦は「戦争に負けた」だけである。「平和」に向かっていた戦争そのものの意義は間違っていない、という考え方を否定することは、「欧米戦勝国の一方的押しつけ」としか映っていない。ドイツと日本の帝国主義時代の行為に対する動きの違いは、「欧米」と「アジア」といった国民国家を超えるアイデンティティの置き場所をめぐる葛藤の相違に基づくものとも言える。

しかし、日本の有識者や教師たちが、歴史認識をめぐる問題でアジア、とくに中国・韓国といった東アジア諸国の人々と「対話」をするようになったことで、新しい「道」が開けたのも事実である。その「道」とは、内側の論理だけで「平和」を考えてきたことに対して相対化できる機会を得ていることである。東アジア諸国の人々と自分の歴史観を前提に対話することにより、そこにある潜在的な「差別性」が批判され、「日本的な」歴史観に基づく平和意識が修正されるというものである。日韓の学者や学生らで共同作成され出版された共通教材のようなものはその典型であろう。筆者自身は、第二次日韓歴史共同研究委員会（教科書グループ）の研究協力者として、韓国における「反日教育」の源流について、一九五〇年代に韓国で展開された「反共防日教育」の例をもとに若干の検討を試みたが、韓国側からは「防日から反日へと移り変わったという論旨が、韓国を理解しようとする筆者の真摯な努力の一環であると考える。しかし、この論旨にも、韓国で反日教育が行なわれてきたという不当な前提がある」と批判された（日韓歴史共同研究委員会、二〇一〇）。ここで「対話」として先ず行なうべきは、批判に対する再反駁への準備ではなく、なぜ私が「不当な前提」と言われる認識をもっていたのか、という省察であろう。日本では東アジアとの「対話」、すなわち先ず相手の論理に基づいて自らの考えを再検討する機会が、これまで極めて少なかったように思う。「グローバル・スタンダード」の時代ではあるが、我々は過去の記憶をどれだけ自国の外に披瀝《ひれき》し、相対化する営みをしていたであろうか。かつ、それは国家間ではなく、「私」の問題として、である。海外で広島・長崎の原爆投下を戦争終結の「決定打」として正当化する人々は少なくない。その意見は長崎の市民にとって絶対容認できない考え方であるのは事実であるし、私もその一人である。しかし、なぜ「正当化する」思考になるのか、その背景や理由を受け入れ、「対話」しようと試みたか、と問われれば、心許無いと言わざるを得ない。

同時に、被爆の結果がもたらした惨禍について、我々は「対話」すべきである。その惨禍とは、投下の瞬間のみならず、その後の個々人の人生における苦悩も含めた経験も入る。これを見たとき、暴力に依拠した「平和」指向の結末は、本質的な平和を誰にももたらさないことを知ることができるし、仮にそこに生じたとする「平和」も、一方的で強制的な「平和」(すなわち、「平穏」)でしかないことに気付くだろう。平和とは相互に享受されてはじめて成立するものである。

四　おわりに——平和教育：多様な「対話」を原点として

学校教育で行なわれる平和教育は、子どもたちが事実と「私」に向き合える機会を提供できる貴重な時間である。長崎では毎年夏休み中の八月九日に登校し、「平和集会」を行なう。この日だけではなく、被爆体験講話など、経験者からの話を直接聞く機会を多く設定している。被爆体験者の平均年齢が七五歳を超え、事実の当事者と「私」（すなわち「私」どうし）が向き合える時間はいよいよ限られてきた。それは、植民地や強制占領の時代を経験してきた東アジア各国の当事者にとっても同じことである。私たちの平和教育は、国籍を超えて、それぞれの「私」がもつ記憶と「対話」し、相対化し続けるところに、その原点があるのではないだろうか。私たちは、何らかの形で人々に強いたり、強いられたりする関係の中で、一方的な「発展」もまた強制し、強制されてきた。しかし「強制」は本質的で普遍的な平和をもたらさないことを、「対話」は明らかにするだろう。東アジアが多様な「対話」をし続けることを原点として平和教育を継続していくことで、「平和共同体」の基盤も構築されていくことだろう。

東アジアとの「対話」はまだ始まったばかりだが、悠長に構える時間はない。世界各地にいる原爆被爆者の存在を思う時、そう考えずにはいられない。

【参考文献】

■村上登司文（二〇〇九）『戦後日本の平和教育の社会学的研究』学術出版会
■日韓歴史共同研究委員会（二〇一〇）『日韓歴史共同研究報告書・第二期（教科書小グループ篇）』

共有される安全保障と日中韓協力を基軸とした東アジア共同体 ——諸宗教協力の役割——

杉野恭一

一　はじめに

ここでは、日・中・韓協力を通した東アジア共同体構築における諸宗教協力の役割について考察することにする。

第一に、政府間レベルにおける日・中・韓協力の現状について述べる。第二に、こうした地域協力に概念的基礎を与えるものとして、安全保障の新たな概念である〝Shared Security〟（共有される安全保障）を紹介する。第三に、平和と開発のための宗教コミュニティーと政府間の協力関係について触れる。第四に、地域協力を推進するための宗教コミュニティーの役割、とりわけ諸宗教協力の役割について述べる。第五に、諸宗教協力の原則、方法論、メカニズムについて紹介する。最後に、日・中・韓協力、東アジア共同体構築における諸宗教協力の役割についてついて考察するうえでの参考事例として、アフリカ連合（ＡＵ）とアフリカ諸宗教指導者評議会（ＷＣＲＰアフリカ委員会）との間で設立された常設委員会について述べる。

二　東アジア共同体構築の基軸となる日中韓協力

東アジア共同体における主要メンバーとなるであろう日本・中国・韓国は、東南アジア諸国連合（ＡＳＥＡＮ）プラス３や東アジア首脳会議等を通して、すでに政府間レベルでの協力関係を強化してきた。二〇〇七年一一月、日・中・韓三カ国は、ＡＳＥＡＮ諸国と共同で、ＡＳＥＡＮプラス３協力の大局的方向性を示す「東アジア協力に関する第二共同声明」および「作業計画」を採択し、アジア太平洋経済協力会議（ＡＰＥＣ）やＡＳＥＡＮ地域フォーラム（ＡＲＦ）などにおいて、東アジア地域における多国間協力を推進してきた。日・中・韓三カ国協力は、各国首脳級、閣僚級、局長級会合から各界各層を取り込み、経済協力、環境保護から、文化、市民レベルでの人的交流にいたるまで、広範な分野にわたって行なわれてきた。さらに、北東アジアにおける安全保障に関する多国間の枠組み作りに関する研究も始まっている。(＊1)

三　〝Shared Security〟（共有される安全保障）――地域協力のための新たな安全保障概念

日・中・韓協力は、すでに、安全保障と地域協力におけるパラダイムの変更を示唆している。三カ国は、伝統的な安全保障の概念である「国家の安全保障」や「人間の安全保障」の領域を超えた分野、すなわち環境保護、和解・信頼の醸成、そして市民レベルでの人的交流といった、各界各層の相互依存性の認識に基づき、安全保障、地域協力を包括的に進めることを意図している。

二〇〇六年八月二九日、日本の京都で開催された第八回世界宗教者平和会議世界大会において、世界一〇〇カ国以上から参加した約八〇〇名の諸宗教指導者により、新たな安全保障の概念である〝Shared Security〟（共有される安全保障）の概念が採択された。「共有される安全保障」は、「国家の安全保障」や「人間の安全保障」を基礎に、人間一人ひとりの尊厳・福祉を守り、他者との関係、さらには自然環境との調和を包摂した新たな安全保障の概念である。地球温暖化・紛争・核拡散・貧困問題等、様々な地球規模の課題は、新たな道徳的ヴィジョンである「共有される安全保障」という概念を通して解決のための努力がなされるべきであるという世界の宗教者のコミットメントを示したものである。

「共有される安全保障」は、すでに多国間協議としてのヘルシンキ・プロセス等で正式に採用され、米国大統領・ロシア大統領・日本の首相等、国家元首によって国際的な場で正式に引用されており、安全保障に関するパラダイムの変更を強調し、マルチ・ステークホールダーアプローチ（各界各層協力）を促している。

四　政府と宗教コミュニティーとの協力

米国同時多発テロ後、宗教過激主義とテロリズムとの関係が国際の平和と安定への脅威とされる一方で、諸宗教間の対話や協力を通して紛争和解・平和構築・開発などの分野における、宗教コミュニティーと政府、国連を含めた多国間機関との協力関係を強化する動きが進んできた。

アジア、ヨーロッパ諸国政府間協力機構である「アジア欧州会合」（ASEM）は、二〇〇九年九月に諸宗教対話に関するソウル宣言を採択し、過激主義・テロリズム・諸宗教対話・国際の平和と安全について、以下のように述べている

我々は、過激主義、テロリズムを拒絶し、国際の平和と安全を希求する。諸文化、諸宗教間の対話を推進することは、国際の平和と安全に寄与するものである。(＊2)

宣言文は、「諸文化や諸宗教間の寛容・理解・尊重の欠如が、時に対立、紛争につながる危険」を認識し、「異なるコミュニティー間における社会的安定や結束は、諸宗教対話の促進によって醸成される」と謳っている。さらに、宣言文は、「すべての宗教コミュニティーは、環

境・食糧安全保障・貧困問題等の共通の課題に対して協力する」ことを誓っている。

さらに、ソウル・フォーラム宣言では、諸宗教対話・協力に関する国家的、地域的、国際的レベルでの多国間政府イニシアチブに言及している。その中には、スペイン政府・トルコ政府などを中心に国連で進められている「文明間の同盟」(Alliance of Civilizations)、フィリピン政府が主導し、国連総会決議などに発展した「平和のための諸宗教協力に関するフォーラム」(Tripartite Forum on Interfaith Cooperation for Peace)、サウジアラビアのアブドラ国王が提唱し、十数名の国家元首も参加した「国連における諸宗教対話・協力に関する閣僚級会合」、「平和、協力、理解のための諸宗教・諸文化間対話の推進に関する国連総会決議」などに言及している。

各国政府など、様々なアクターが諸宗教協力の分野に参画する中で、世界宗教者平和会議(日本での略称はWCRP、国際的にはReligions for Peace)事務総長ウィリアム・ベンドレー氏は、諸宗教コミュニティーと政府との原則に則った、より効果的な協力関係を訴えている。二〇一〇年三月一六日―一八日に、フィリピンのマニラで開催された「Non-Aligned Movement(非同盟運動)閣僚級会合の平和と開発のための諸宗教対話・協力に関する特別会合(*3)」において、ベンドレー氏は、「宗教コミュニティーと政府は、それぞれ異なるアイデンティティー・責務・能力を持ち、協力関係はこうした相違を尊重した形で行なわれるべきである。」と指摘している。

こうした政府と諸宗教コミュニティーとの協力関係を具体的なプロジェクトを通して模索する取り組みとして、ノルウェー・フィンランドなどのスカンジナビア諸国政府、オランダ・英国などのヨーロッパ諸国政府、さらに米国政府は、紛争解決・エイズ対策・開発等の諸分野において、WCRP等の国際諸宗教協力組織を通して諸宗教コミュニティーとの協力関係を構築してきた。

また、米国のオバマ大統領は、ホワイトハウス内に諸宗教評議会を構築し、国内の宗教界との協力に加え、外交政策に諸宗教協力の視点を取り入れることを模索している。米国国務省内には、「宗教と国際関係に関するタスクフォース」が設立された。

二〇〇九年六月にオバマ大統領がイスラム世界との対話を訴えたカイロ宣言後、WCRPはそのフォローアップとして、インドネシア外務省や米国国務省からの要請を受け、二〇一〇年一月にジャカルタで諸宗教協力推進会合を開催した。国務省内を横断する形で設置された宗教と国際関係に関するタスクフォースは、諸宗教コミュニティーと政府とのより効果的な協力関係構築に向けての努力を続けている。

五　宗教のもつ社会的・宗教的・倫理的資源と諸宗教協力の付加価値

諸宗教コミュニティーは、社会的・宗教的・倫理的能力を有し、それらは、地域的協力の枠組みのための社会的結束と協同を醸成するために有効である。

諸宗教協力は、世界の諸宗教コミュニティーが持つ社会的・宗教的・倫理的資源を総合的に活用するための梃子《てこ》の役割を果たしている。世界六五億の総人口のうち、約八〇％に当たる五〇億人が何らかの形で宗教との関連を持つと言われている。宗教コミュニティーが有するモスク・教会・寺院、その他の社会的組織は、事実上世界各国においてすべての市町村レベルにいたるまで存在している。宗教の持つ社会的インフラの規模は国によって異なるが、多くの開発途上国において、現存する最も発展した、社会との繋がりの深い、地域主導の社会的インフラであり、小さな村々から、国レベル、大陸、世界と広がるダイナミックなネットワークである。宗教的社会インフラは、諸宗教アクターを平和と開発のための強力な担い手にするコミュニケーションの手段を提供している。

諸宗教コミュニティーにとっては、第二の「宗教的資源」は最も重要なものである。これは、各々の宗教伝統が持つ人間のいのちの根源的な意味を示すものであるからである。宗教的・精神的資源は、時に、各々の宗教伝統の信者に対し、戦争・暴力、その他の不条理で悲惨な現実をも乗り越える勇気と強さを与える。宗教コミュニティーの構成員は、こうした宗教的・精神的資源によって、憎悪・暴力・対立のための宗教の悪用などに誘うメッセージを拒絶し、宗教的に高い次元の意図に昇華させる力を持つ。宗教的資源は、紛争当事者間の和解や信頼醸成に資する特有の資源を提供する。宗教的実践は、慈悲・赦し・和解を醸成する力を持つ。耐えがたきを耐え、希望の見えない中に希望の火を灯し、赦しがたきを赦す力を与える。

宗教の持つ三番目の資源として、倫理的・道徳的資源がある。これは、宗教的・精神的資源の力を基礎にしたものである。宗教指導者は、「共有される安全保障」を推進するために、彼らの持つ道徳的、倫理的立場、影響力を効果的に活用することができる。それぞれの宗教伝統が各々の平和の理念とそれを実現するための責務と手法を持っているが、平和に対する深いコミットメントは共通である。

さらに、異なる宗教が共に行動するという、平和のための「諸宗教協力」には、以下のような付加価値と効果がある。

・競争と対立から、協力へと誘う。
・共通の目的、行動へと向かうコミットメントを醸成する。
・宗教コミュニティーに特有な宗教的・倫理的・社会的力を結集する。

・共有の目的を達成するために、宗教コミュニティーと政府、NGO、市民社会、財界など、各界各層との協力関係を構築する。

諸宗教協力による取り組みは、一宗教教団による取り組みよりも、象徴的にも実質的にも、より効果的で影響力がある。諸宗教協力の象徴的な力は、特に紛争に諸宗教コミュニティーが直接かかわっている場合や間接的に影響を受けている場合に、最も大きな効果を現わす。諸宗教協力の持つ実質的な力は、異なる宗教コミュニティーが平和を脅かす共通の課題の解決のために協力し、それぞれのコミュニティーの持つ強みをお互いに出し合い、協力する創造的な方策を見出し、諸宗教協力の母体として、ある特定の宗教を助長することなく、各界各層の様々な団体と協力する環境を整えられることである。

六　諸宗教協力のメカニズム――WCRPの事例

WCRPは、宗教コミュニティー自身が宗教協力活動の担い手であるという立場をとる。したがって、WCRPは宗教コミュニティー自身が選んだ代表――宗教指導者、教団代表、教団関連団体代表、その他の教団代表など――を中心に活動が行なわれている。WCRPは、世界の中で、行動志向の諸宗教協力母体として、「諸宗教評議会」(Inter-religious Council：IRC)の設立を支援してきた。この諸宗教協力の母体を通して、WCRPは、宗教的・倫理的・社会的資源を活用して、紛争解決・平和構築に取り組んできた。

WCRPによって活用されてきた方法論は、現実的で、応用可能である。諸宗教協力のプロセスに四段階がある。第一に、平和を脅かす課題を全体的・多面的に分析する。第二に、そうした課題を解決するために必要な様々な取り組み、役割を分析する。第三に、諸宗教コミュニティーが持つ資源、強みと必要な取り組み、役割を果たす能力を見極める。第四に、宗教コミュニティーの資源・能力を活用し、必要があれば能力向上のための手段を提供し、具体的な行動へと導く。

こうした諸宗教協力の方法論は、問題は異なっても応用できるものである。こうした諸宗教協力の方法論とメカニズムは、世論喚起、アドボカシー（政策提言）教育、Solidarity Visits（連帯訪問）、行動ツール製作、トレーニング、協議のための安全な場の提供・調停・対話・トラック2交渉、能力向上等の諸活動に結び付いていく。

紛争地帯においては、WCRPは宗教指導者・政府関係者・反政府運動指導者らとの非公式および公式の会合を行なう。こうした諸宗教外交は、政府レベルで進められるトラック1交渉を補完する形の、いわゆるトラック2プロセスと呼ばれる。

諸宗教評議会は、その国の諸宗教コミュニティーが結束し、統一された政策提言を行ない、和平交渉の調停役となり、過激主義的傾向を排除する役割を担い、一般市民に対し社会を変革する力を与える。

　また、ＷＣＲＰは、宗教コミュニティーが組織されるネットワーク、すなわち地方レベル・国家レベル・大陸レベル・国際レベルをつなぐ広大な諸宗教協力のネットワークをつなげている。こうした、世界的諸宗教ネットワークが諸宗教外交を可能にし、紛争を予防し、紛争解決に向けた取り組みを行なっていく基礎となっている。

七　アフリカ連合（ＡＵ）と諸宗教協力

　日本・中国・韓国には、発展した諸宗教協力の母体が存在し、宗教指導者による対話や協力が推進されてきた。ＷＣＲＰ日本委員会（WCRP Japanese Committee）、中国宗教者和平委員会（China Conference on Religion and Peace：ＣＣＲＰ）、韓国宗教人平和会議（Korean Conference on Religion and Peace：ＫＣＲＰ）は、二国間・多国間諸宗教対話、交流を二〇年近くにわたって行なってきた。また、こうした対話・交流は、北朝鮮の諸宗教母体である朝鮮宗教人協議会（Korean Council of Religionists：ＫＣＲ）の代表者を含むものであり、将来のリーダーである青年代表も含むものであった。

　東アジア共同体における宗教・諸宗教協力の役割を考察するに際し、多国政府間地域協力組織と宗教コミュニティーとの具体的な協力関係の事例として、アフリカ連合（ＡＵ）とＡＣＲＬ（ＷＣＲＰアフリカ委員会）との協力関係が重要なモデルを提供する。

アフリカ連合は、紛争解決・開発を進めるうえで、諸宗教、諸民族指導者との連携が欠かせないとの認識を培ってきた。アフリカ諸宗教指導者評議会（Religion for Peace African Council of Religious Leaders：ＷＣＲＰアフリカ委員会）は、アフリカ全土の諸宗教連合体・組織の代表者で構成される諸宗教協力母体である。二〇一〇年六月一七日、ナイジェリアのアブジャで開催されたアフリカ連合諸宗教対話フォーラムにおいて、アフリカ連合は「アフリカ連合とアフリカ諸宗教コミュニティーとの連携に関する常設委員会」を設立した。アフリカ連合とＷＣＲＰアフリカ委員会により設立された本常設委員会は、紛争予防・紛争調停のための高位宗教指導者による緊急仲介・安全保障・気候変動・エイズ問題など、開発・紛争解決等の喫緊の課題に宗教コミュニティーとアフリカ諸国政府がより効果的に協力することを目的としている。

八　おわりに

東アジア共同体の基軸となる日・中・韓政府間協力においては、政治・経済・社会・環境・文化その他の広範囲にわたる諸分野での協力強化が意図されている。こうした包括的諸分野で各界各層協力を推進する新たな地域共同体構築のためには、これまでの「国家の安全保障」や

「人間の安全保障」を超えた、包括的で相互関連性を重視した新たな安全保障の概念である“Shared Security”（共有される安全保障）が最も適切であると言えるのではないだろうか。

「共有される安全保障」の根幹となる相互関連性や社会的結束の実現のためには、宗教コミュニティーと諸宗教間協力が重要な役割を果たすということは、すでに述べた。宗教コミュニティーは、日・中・韓とその他の東アジア諸国の国境を越えてネットワークを持ち、文化的・人的交流の基礎を提供する。政府間機関も、地域協力を進めるうえで、宗教の持つ社会的・宗教的・精神的・倫理的資源と諸宗教協力の持つ付加価値に注目してきた。近年、世界各国の政府と諸宗教コミュニティー間の平和と開発のための協力が進んでいることは基本的に歓迎されるべき事実である。それと同時に、政治的な政府間協力と市民・諸宗教協力とは異なる性質・使命・能力を持つが故に、原則に則った協力関係の構築が必要となる。日本・中国・韓国に存在する諸宗教協力母体は、上記の目的達成のためにより効果的に活用されるべきであり、アフリカ連合とＷＣＲＰアフリカ委員会との間で設立された常設委員会は、政府間地域共同体と諸宗教協力組織との具体的な協力のための機関として、東アジア共同体構築を考察するうえで、一つのモデルを提供するものであろう。

【註】

＊1　日・中・韓協力進捗報告（二〇〇七年一一月二〇日、シンガポール）。協力の領域は、以下の広範な分野に及んでいる。六者協議、ＦＴＡ（自由貿易協定）、三カ国投資協定、経済投資環境、航空、海洋交通、環境保護、気候変動、エネルギーの安全保障、科学技術、金融協力、税関、国境を越えた犯罪、保健・医療、文化交流、スポーツ、教育、人的交流、外交と安全保障に関する研究協力などが含まれている。

＊2　本宣言は、二〇〇九年九月二三日―二五日ソウルで開催された第五回アジア欧州会合諸宗教対話フォーラムにおいて採択された。

＊3　非同盟運動（ＮＡＭ）には、世界一一八カ国が加盟している。フィリピン政府が主催し、三日間にわたって行なわれた諸宗教対話会合には、一〇〇カ国以上の外務大臣が参加した。

「東北アジア地域の平和教育・訓練機関」（NARPI）の設立の必要性と機能

李　在永

一　「平和の実現を願うならば、先ず、平和を教えよ」

すべての人類の平和と調和という希望の中で新しい一〇〇〇年が始まったが、すでにその最初の一〇年の間に、世界は戦争、テロ、そして自然災害などで悩まされている。特に九・一一同時多発テロ以降、国家と国家、人種と人種との間の平和的な共存はますます難航していくものと思われる。東北アジアの場合も、過去における侵略と戦争の歴史および長期にわたる軍事的対決状況の結果、国家間や国民相互間の根深い敵対感情と不信感は大きく、今や改善の余地もないように見受けられる。また、全世界的な冷戦構図が解消しているにもかかわらず、冷戦的な競争構図は今なお残存し、東北アジア地域の平和にとって脅威となる構造的な環境を生み出している。結局、東北アジアは他の地域のように地域共同体へと進展していくことができず、依然として歴史的・地形的・軍事的・社会的抗争の構図は現状維持の状態にある。

およそ戦争は、頭から始まると言われている。これと同じように、平和も思考から始まる。換言すれば、平和は人間の行動を支配する思考の中に根を下ろさない限り醸成していくものではないということである。したがって、東北アジア地域に依然として存在する冷戦的な思考と歴史的な紛争を根本的に解決するためには、相互協力の精神に基づき理解の底辺を広げることにつとめ、それを通じて根深い敵対的感情の改変を促し、一般化しつつある軍事文化から平和と和解の文化への転換を導く教育と訓練が必要となる。個別的・枝葉的な平和ではなく、東北アジア地域共通の平和を教え、かつ習得するという共同の平和教育および訓練を可能にする空間の創造は、東北アジア地域の平和づくりにとって切実な課題である。

東北アジア地域においてここ数十年間行なわれてきた、いわゆる同盟国間の合同軍事訓練は、地域の安全保障と平和をもたらすというよりも、相手国に脅威を与え、軍備競争の増大を必然化させる逆効果をもたらしてきた。今や、軍事的連帯ではなく、非暴力的・非軍事的方法による平和の創造という国家間、そして民族間の平和と連帯へと、パラダイムの転換が必要な時を迎えている。東北アジア地域における軍事教育の歴史は長いが、平和教育の歴史は極めて短い。東北アジア諸国は、数多くの軍事学校を通じて戦争を準備してきている。その反面、この地域において平和を醸成するための平和教育、平和的な手段による紛争の解決および予防といった観念は、人々から極めて疎遠なものとなっている。したがって、今日、東北アジアにおける地域連合共同体について語ろうとするならば、平和の理論的体系を構築し、紛争の平和的解決のための技術の習得・訓練を目的とする東北アジア地域の平和教育機関が必要となろう。今や、東北アジアの平和と繁栄のためには、戦争を準備するための軍事の学校ではなく、平和を教育し、平和の創造者を養成する平和の学校がより多く設立されていかなければならないのである。

「東北アジア地域の平和の教育・訓練機関」（Northeast Asia Regional Peacebuilding Institute：ＮＡＲＰＩ）の構想は、地域の現場で平和活動に従事している人々の専門技術を高めるための再教育と訓練の必要性、ならびに将来、平和の専門家として研究や活動を目指す学生たちの関心と要求から生み出されたものである。東北アジアは、他の地域とは違い、地域レベルの平和学の研究者、平和の教育・訓練の教官、紛争解決の専門家などを養成する専門家が存在しないという状況にある。このことが、この地域における平和醸成の活力を減少させる結果を生み出している。北米やヨーロッパなどの他の地域において平和のための教育・訓練を受けた者であっても、これらの地域はそもそも東北アジアとは異なる歴史的・文化的・政治的・社会的な環境にあるため、学習したものをいざ適用するという段階になると、限界を感じざるを得なくなるのである。したがって、ＮＡＲＰＩは東北アジア地域の状況や文化の認識の上に立って平和の実現に努力する活動家の理論的・実際的能力の強化を図り、かつ地域に必要な平和研究の場を拡大し、究極的には東北アジア地域における平和文化を大きく展開していく底辺を広げ、それを生み出していくための、いわゆる助産師の役割を担う研究・訓練機関となる必要がある。

新しい世紀の平和運動は、熱情と献身的な態度だけで行ない得るものではない。これに加えて、より専門的・体系的な教育と研究を通じて地域に相応しい平和の理論を発展させ、持続可能な平和づくりを目指す、より地域の現場に適合した人々を教育・訓練する努力が伴わなければならない。これによってはじめて平和的な人間が養成され、暴力的な制度と文化に変化を生み出すことが可能となろう。ＮＡＲＰＩは、生産的な経験と知恵を共有する学習と訓練の場として、さらにまたこの地域に平和のエネルギーを増大させる資源の宝庫として位置づけることができよう。人材を養成することは、未来に対する投資である。したがって、東北アジアの平和な未来という結実を望むならば、今こそが平和な人間を養成する事業に投資すべき時なのである。

二　NARPIの教育・訓練内容と発展展望

ＮＡＲＰＩの教育内容を見ると、多様な平和教育、および訓練の理論と実際が中心となっているることが分かる。その教育内容は、平和の創造のための技術の訓練、平和学および紛争学の理論、文化と平和、宗教と平和、平和教育の理論と実際、回復的司法の正義、開発と環境、貿易、メディアと平和などで構成されている。各講座は、理論的な知識だけではなく、現場経験の豊富な人々によって進められる。教育を担う者は、必ずしも東北アジア人である必要はないが、少なくとも一人の協力者は東北アジアの状況に精通し、東北アジアの現場における様々な問題を十分に認識している者でなければならない。ＮＡＲＰＩの提供する教育・訓練プログラムは、二週間のインテンシブな課程で、最初の週（五日）と次の週（五日）の期間中に、それぞれ三つ以上のコースが提供され、これら二つの週の間にフィールド・ツアー（四日）を挟んだ形で行なわれる。以下は、ＮＡＲＰＩの提供する二週間課程の例である。

〈セッションⅠ〉五日間のコースワーク
コース１　紛争学および平和学概論
コース２　回復的司法の正義
コース３　平和教育の理論と実際

〈セッションⅡ〉四日間のフィールド・ツアー
現地学習　ＮＡＲＰＩが開催の場とする国家・地域における平和と紛争の歴史的な現場や人

物を訪問、生きた平和教育の現地学習を行なう。

〈セッションⅢ〉五日間のコースワーク
コース1　トラウマ・癒しの訓練
コース2　調停技術の訓練
コース3　芸術を通した平和教育

ＮＡＲＰＩの参加対象と参加者の資格条件は、毎年の状況によって変動があるにしても、ＮＧＯ・ＮＰＯの活動家、地域共同体の指導者、平和教育者、教師、大学（院）生、教授、公務員、宗教指導者をその主要な対象とする。平和教育・訓練およびネットワークの場であるＮＡＲＰＩを通じて、毎年東北アジアから、五〇人の参加者の教育を目標としている。ＮＡＲＰＩは毎年、地域を異にして開催されるので、地域・国家・都市などの諸条件を考慮すると、ＮＡＲＰＩが開催される地域の人々により大きな参加の機会が与えられるものと予想される。参加者は、平和構築についての一定期間の経験と知識、および専門性を持っていなければならず、東北アジアの平和創出に深い関心と、献身的意欲の持ち主であるかどうかを基準として選ばれることになろう。東北アジアで行なわれるＮＡＲＰＩ教育であるものの、その基本言語は英語となる。もっとも、部分的に通訳を通じて言語の障壁を取り除くことも予定されている。また、ＮＡＲＰＩが開催される地域の人々に対して参加の機会をより多く与える方策として、その地域の言語を追加的に主要な言語として採択し、使用することも予定されている。

　ＮＡＲＰＩの最初の講座は、二〇一一年から開始される。したがって、今後二年ほどかけてＮＡＲＰＩの準備作業が行なわれる予定である。二〇〇九年は、ＮＡＲＰＩネットワーク形成の段階として、東北アジア六カ国における平和教育・訓練機関、団体、個人とのネットワークを整備し、各国の協力パートナーを選定し、パンフレットおよびホームページを製作する。二〇一〇年は基礎づくりの完成段階と位置づけ、ＮＡＲＰＩ運営委員会および諮問委員会を立ち上げ、ＮＡＲＰＩの運営チームとその体制づくりの作業に入る。また、ＮＡＲＰＩの運営の日程および参加者の選定の基準などの細部事項について協議し、その具体化を進める。二〇一一年は、ＮＡＲＰＩの本格的な運営元年であり、ＮＡＲＰＩ運営チームの稼働、参加者の最終的な選定と奨学生の選考、ビザや細部的な運営事項の執行、評価および今後の事業計画とそのための協議などの作業が行なわれる。

（翻訳・金永完）

第三セッション
朝鮮半島の平和と東アジア共同体

朝鮮半島の平和と東アジア共同体の建設

李　泰永

一　はじめに――東北アジアの地政学的変化

「アジアの世紀」という言葉が用いられて、すでに久しい。かつて、オランダの文化史家ヤン・ロメイン（Jan Romein）は、一九五〇年代に『アジアの世紀』（*Das Jahrhundert Asiens*）という名著を著わした。アジア諸国の歴史・社会・文化・宗教・慣習などについて詳述したこの著作を読むと、彼がいかに「アジアに通じた」専門家であるかを感じざるを得ない。

世界史の流れから見れば、地中海文明は中世および近世初期までに西南ヨーロッパにおいてその花を咲かせた。その後、この文明は、一九世紀に大西洋の沿岸に移り、二〇世紀において米国でその花を咲かせた。文明が統合へと向かう世界的潮流を見ると、アジアの世紀の到来という歴史の予言は真実を突いているように思われる。

ヨーロッパ文明が人権・自由・民主主義・科学・技術などの分野において、私たちの人生の質の向上に貢献した事実を、私たちは十分に認め、かつこれを高く評価するものである。しかし、他方において、私たちの人生を見れば、「近代化＝西欧化」という認識や図式を修正しなければならないほど、私たちのアジア社会も大きな変貌を遂げている。換言すれば、「西勢東占」の挑戦に対する適切な応答の中に流れ来た過去二〇〇年の歳月が、アジア人（なかんずく韓・中・日を含む東北アジア人）の思惟と生活態度を「より近代化されたもの」、すなわち「東西融合型」のものに変えてしまったのである。明治維新（一八六八年）以降、日本は社会の近代化の面では、部分的ではあるにしても欧米社会を凌駕するまでにいたった。中国人民は、アヘン戦争（一八四〇年）以降、一五〇年にわたる国難の経験の中で中華人民共和国を成立させた。そして、改革・解放政策を推進して三〇年後の今日、米国に追いつくような国力を備えつつある。他方、長い間海洋勢力と大陸勢力の角逐の場となっていた朝鮮半島の場合、一九四五年に日本の植民地支配から解放されたが、朝鮮戦争（一九五〇年）の勃発により同一民族が互いに相争い、殺し合う悲劇が惹き起こされた。しかし、一九六〇―七〇年代には、韓国は農業国家から工業国家へとその容貌を一新するにいたっている。

朝鮮半島は、地政学的な悲運が禍いして、いまだに分断状態が続けられている。しかし、この小さな半島の半分である韓国は、世界経済において一二番目の順位を占め、造船産業およびＩＴ産業においては世界第一位である。現在、ヨーロッパの人々は韓国を「自生力のある民主主義国家」と称賛し、激励している。今後、東北アジア三国（韓・中・日）が、活発な経済的・社会的・文化的な交流を通じて政治的な協力へと展開し、平和共同体を構築すれば、これは世界政治（World Politics）に大きな影響を与える政治的共同体となろう。

二　東北アジア平和共同体は出現可能か

東北アジア諸国間の相互協力は可能かという問題を扱うために、先ず、ヨーロッパ連合（EU）の先例に目を転じてみよう。第二次世界大戦の結末は、甚だしく悲惨なものであった。爾来、戦後のヨーロッパの人々は自らの覇権主義が惹き起こした非人道的な過去に覚醒し、省察を重ねた。その結果、彼らは「世界政治の未来とヨーロッパの位相」について熟考した後、「ヨーロッパの統合」のための「汎ヨーロッパ政治」を構想した。チャーチル、イーデン、ド・ゴール、アデナウアーなどが、その計画の中心人物であった。ヨーロッパの統合のための機構としては、鉄鋼連合（Montan Union）・ヨーロッパ会議（European Parliament）・ヨーロッパ経済共同体（ＥＥＣ）・ヨーロッパ連合などを挙げることができる。このように平和なヨーロッパ政治を可能にしたのは、ドイツとフランスの友好と親善の関係であった。周知の通り、ドイツとフランスは、「三十年戦争」（一六一八―四八年）以来、三〇〇年間にわたって宿敵関係にあった。現在ヨーロッパ議会の所在地であるストラスブール（Strasbourg）のアルザス・ロレーヌ（Alsace-Lorraine）地方は、過去、六回（一六一八年、一六四八年、一八七一年、一九一八年、一九三八年、一九四五年）にわたって代わる代わる両国のいずれかに属していた地域である。この三〇〇年にわたる「独仏紛争」を解決したのは、フランスのド・ゴールと「ライン川の奇跡」を可能にしたドイツのアデナウアーであった。その後、東西冷戦の解氷を可能にした「ブラントの東方政策」、東西冷戦を終結させたゴルバチョフのペレストロイカ、そして二〇世紀最大の政治的事件である「ドイツの統一」は、ヨーロッパにおける六五年間の平和政治の結実であった。

もしヨーロッパが統合されず、依然として従来の国家形態を維持しているとすれば、英・仏・独・伊は、いずれも今日のEUのような政治的影響力を行使することは不可能であったであろう。それ故、世界政治の中で強力な地域政治を持続していくために、アラビア圏、中央アジア圏、そして東北アジア圏の国々は、それぞれ開放的な民族主義に基づいてその地域独自の平和共同体を創設しなければならないのである。

「アジアの世紀」という未来的ビジョンを東北アジアのすべての人が信ずるならば、韓（北朝鮮を含む）・中・日三国も、東アジア平和共同体の創設に拍車を加えなければならない。中国は、中原が世界の中心地となることを欲するならば、そしてひと時東北アジアを制覇したと自負する日本が今後ともその「国家の品格」を維持することを欲するならば、今や、韓・中・日三国がその中核を形成する東北アジア平和共同体の創設に積極的に参加し、指導力を発揮すべき時である。このために東北アジア三国が最大の努力をすれば、「アジアの世紀」の実現の唯一の近道となるであろう。

三　東北アジア平和共同体の成立の前提——南北朝鮮の統合

私たちが東北アジア共同体を論じる際、しばしば韓・中・日の三国のみが挙げられがちであるが、厳密に言えば、朝鮮半島の半分である北朝鮮がここに含まれなければならない。それ故、朝鮮半島が統合されるまでは、東北アジアという場合、東北アジア四国（中・日・韓・朝）を称するのか、それとも朝鮮半島をめぐる四大強国（中・日・米・ロ）と南北朝鮮が協議を行ない、韓国を「国家連合形態の韓国」と称することにして、韓・中・日の三国を東北アジアとすることもできよう。これは、東北アジアの平和のために、周辺四大強国が「朝鮮半島における一民族・二国家」へと導く道を開くことを意味する。一九世紀の植民地宗主国は、いずれも「分割統治」（Divide and Rule）を植民地統治の原則としていた。

しかし、覇権主義の時代が過ぎ去り、文化圏統合の歩みが進められている今日、「列強」と呼ばれる国々は、領土拡張の旧弊を重ねる愚を犯してはならない。私たちが嘱望する二一世紀の列強とは、文化的な大国をいうのであって、決して膨大な領土を持つ軍事大国をいうのではない。朝鮮半島をめぐる四大強国のいずれの国であれ、分断された朝鮮半島を利用しようとするならば、これは東北アジアの平和からかけ離れた覇権政治の存続以外の何物でもない。例えば、米国と中国との間で不和状態が持続すれば、周辺諸小国は分裂を余儀なくされることになる。しかし、米中関係が平和志向の発展を重ねていけば、世界政治は多くの地域に山積みするさまざまな問題の積極的な解決に道を切り開くことが可能となろう。換言すれば、世界中の人々が、逆境の時代にあっても次第に蒙を啓《ひら》き、同苦共感の心を深め、国家間の協力が平和志向の方向に向かって進められていけば、人類社会に、カール・ヤスパースが指摘したような「人間の統一された精神世界」がはじめて具現されることになろう。世界市民の平和を志向する統一された精神世界の具現に寄与できるのは、宗教と信仰である。本日、ここで行なわれているこの会議の重要性も、まさにこの点に存在するのである。

　先に触れた朝鮮半島における平和の問題について、再び目を転じてみよう。私たちは、米国と中国が対決せず、韓国は北朝鮮を吸収・統一しようとせず、さらにまた北朝鮮は韓国を破壊しようとしないような環境を創造していかねばならない。これとともに、周辺四大強国をはじめとする国際社会は、南北朝鮮の再統合を積極的に支援しなければならない。このためには、四大強国は、南北朝鮮が「休戦協定」を「平和協定」に転化して、「国家連合」[＊1]の形をとるにせよ、あるいは「連邦制」の形をとるにせよ、一つのコリア（Korea）という名の下に、韓・

中・日三国を形成し、この三国を主軸とする東北アジア平和共同体の創設に対し、積極的な支援を行なわなければならない。言うまでもなく、一つとなったコリア（Korea）が東北アジア共同体のメンバーとして積極的に参加し、活動することは、「アジアの世紀」の到来の必須の前提条件である。

四　朝鮮半島の平和のための現実的な課題

以上、私は朝鮮半島の平和、特に南北朝鮮の再統合のためには四大強国の支援が必要であることを、あたかも当為論のように言及した。しかし、私は、四大強国が無条件に韓国に対し援助の手を差しのべてくれるとは考えていない。南北朝鮮の再統合は、南北の朝鮮人が自らの自助努力によって行なうべきことであって、決して他者の手によって成就され得べきものであってはならない。

朝鮮半島は、五〇〇〇年の長い歴史において、地政学的な条件のためにさまざまな逆境に耐えねばならなかった。表面的には平穏な独立王国の様相を呈していても、政治的・文化的には常に中国に隷属させられ、近現代には日本の植民統治に服さなければならなかった。日本の支配から解放されてからも、南北分断という政治的・社会的分裂および紛争の渦中に巻き込まれてしまった。朝鮮半島における平和の実現は、このような過去と現在の難関を克服し、「アジアの世紀」という未来の建設に共に参加する、新しい民族的な活路を切り開くことを意味する。

国民国家の思想は、一九世紀の遺物である。韓国人は朝鮮半島の統合を希求しているが、それは決して国民国家の思想の実現を目的としているのではない。むしろ、かつて東北アジア共同体を形成してきた同一民族であるハン（韓）民族が、「一つの民族共同体」としてこれに参加することを願っているのである。朝鮮半島の分断は、列強諸国が第二次世界大戦の終結のために行なった冷戦体制の副産物である。したがって、南北朝鮮人が互いに離れての別離の生活をいつまでも続けるようなことがあってはならない。朝鮮戦争（一九五〇年）は、中華人民共和国の成立（一九四九年）に続いて朝鮮半島の共産化を画策したスターリンと毛沢東、そして金日成による「三者合作の所産」にほかならない。列強政治の犠牲的存在であるこの人為的な分断は、克服されなければならないものである。これを実現するためには、イデオロギーを超越した統一への意志、そしてまた朝鮮半島の平和を通じて東北アジア平和共同体の確立という、周辺列強の献身的な意志が必要である。それに加え、朝鮮半島の平和の主体となる南北朝鮮は、平和的統一の実現に向けての共同の意志を持たなければならない。特に、G20首脳会合を開催できるほど国力が伸張してきた大韓民国は、貧困にあえいでいる北朝鮮住民を抱擁する度量、そしてまた周辺四大強国を朝鮮半島の平和統一の道へ誘う、外交における「タレーラン

(Talleyrand)の知恵」を発揮しなければならない。

ここで、二人の歴史的人物が脳裏に浮かんでくる。その一人は、旧西ドイツのアデナウアー首相である。戦後のドイツ人はすべて、極悪非道なヒトラーに追従したという罪悪感を心に秘め、沈黙の中でそれぞれ仕事に専念していた。このような「国民感情」を感知して、国民を国家の再建事業に動員したのがアデナウアーの宰相民主主義(Kanzlerdemokratie)であった。いま一人は、アデナウアーが強固にした国力を基礎にして柔軟な東西外交を展開した「進歩の達人」ブラントである。この二人は、ドイツの統一(一九九〇年)の礎石を築いた人たちであった。彼らは、戦後において腐敗なき清廉な政治を行なった、ドイツの保守と進歩を代表する人物である。朝鮮半島の平和と統一を念願する朝鮮民族にとっても、このような人物の出現は極めて切実なものがあると言わざるを得ない。

五　終わりに

東北アジア平和共同体の建設のためには、朝鮮半島の平和と南北朝鮮の統合が先行されなければならない。そのうえで、韓・中・日を主軸とした東北アジア平和共同体は次第にアジア共同体へと拡大し、発展していくであろう。こうして、このアジア共同体が所期の機能を発揮していけば、世界市民ははじめて「アジアの世紀」というものを実感するようになろう。

すでに言及したように、分断された南北朝鮮をめぐって諸列強が角逐すれば、軍事的な緊張は高まることになる。実際に、今日、朝鮮半島における緊張の高潮は米中間における新冷戦主義の時代の到来を予告するものである。それ故、世界平和のためにも、朝鮮半島の周辺列強は、朝鮮半島の平和のために最大の努力を結集しなければならない。平和裏に統合された南北朝鮮との経済的・文化的協力は、列強の政治的な負担を軽減させ、新しい形で世界の経済的危機からの突破口を開かせることとなろう。統合された南北朝鮮が中立的な路線を指向していけば、新冷戦主義の時代の到来は阻止され、人々が東北アジア平和共同体を通じて共に生きる互恵の環境が創出されていくことになろう。その意味で、中国は東北計画事業を再考しなければならない。勿論、中国の東北計画事業の根底には辺境地域に対する主権の問題が潜んでいる。しかし、今世紀において列強による領土の拡張は、すでに魅力のない国家計画となってしまった。特に、儒教的な権威主義に立脚して国家経営を図ってきた大国中国が、国境を共にする周辺一四カ国との友好関係に亀裂が生じる危険まで冒して、はたして諸隣接国家に対し辺境地域の拡張の画策をしているかのような印象を与える必要はあるであろうか。この点、中国における次世代の指導者は、近い将来、辺境地域や少数民族に対する政策について新しい指針を明らかにするかもしれない。

要するに、朝鮮半島の平和と統合は、周辺の四大強国いずれにとっても有利な政治的な発展を促すものと言うことができよう。南北朝鮮の統合は、周辺諸国に対し、以下のような意味を持っている。

第一に、南北朝鮮が統合されれば、米国は北朝鮮の核の脅威を取り除くことができるだけではなく、シリア—パキスタン—イラン—北朝鮮をつなぐ、いわゆる「大量破壊兵器（ＷＭＤ）コネクション」をも解体させることが可能となる。それ故、これは米国の世界平和の防衛に対する努力を大いに支える起動力となろう。さらにまた、南北朝鮮の統合は、日本に次ぐ巨大な経済市場を出現させ、米国の国益にも少なからず寄与することになろう。

第二に、中国にとって南北朝鮮の平和的な統合は、台湾問題をめぐる米中・日米間の紛争の減少を促す大きな契機となると思われる。勿論、中国はその特有の「中国的な忍耐」によって、海峡両岸における経済協力を円滑に遂行しようとしている。しかし、イデオロギー問題が介在している政治的な統合は、隣国の同意は言うまでもなく、中国大陸部と台湾に住む人々の「一つの中国」に対する精神的な一体感も必要となろう。言うまでもなく、朝鮮半島の平和の実現は、海峡両岸関係の平和的な解決に対し「先行指数」を示すことになると思われる。また、南北朝鮮の統合が平和裏に行なわれれば、統一された朝鮮半島は、緩衝地帯として中国の安保戦略にも役立つと同時に、中国の東北三省の開発にも有利に作用することになろう。

第三に、統合された南北朝鮮は、一つのコリア（One Korea）が成立すれば核の透明性と細菌武器の廃絶が確実なものとなるとの保証を日本に提供することになろう。その結果、北朝鮮の核問題によって惹き起こされた北東アジアの安全保障に対する懸念が払拭されることになろう。中国と日本の間に摩擦が生じた場合、日本は中国との和解のために、統合された南北朝鮮との緊密な協力関係を一層深めていかねばならないと心をあらたにすることは容易に推測されるところである。それに加え、統合された南北朝鮮は、拡大された経済市場として日本の朝鮮半島との交易に巨大な利益をもたらすことになろう。

最後に、統合された南北朝鮮は、ロシアの極東地域、すなわち沿海州地域に対する開発事業に大いに役立つであろう。旧ソ連が崩壊して以来、政治的な大混乱を経験したロシアは、どちらかというと、南北朝鮮のいずれとも均衡の取れた外交を行なうために苦心してきた。ロシアは、統合された南北朝鮮との接触を通じて、韓国による投資と技術、ならびに資本の流入を期待できるうえに、極東・シベリアの経済的発展を可能とする環境の創出に積極的に動き出すことになると思われる。韓国の場合も、特にロシアとの大型経済プロジェクトなどを通じて投資を積極的に拡大していくことが可能となろう。

東北アジア平和共同体が「東南アジア諸国連合（ＡＳＥＡＮ）プラス３」と結合し、国際社会から認められる「アジアの世紀」を実現するために、南北朝鮮と周辺の四大強国が、国際的な共助関係を漸進的かつ持続的に拡大していかねばならない。現在行なわれている北朝鮮に対する圧迫は、一時的な措置に留めておかねばならない。六カ国協議は、朝鮮半島の平和と東アジア平和共同体のための試金石である。東北アジア平和共同体の成立のために、六カ国協議は再開されなければならない。朝鮮半島をめぐる周辺四大強国と南北朝鮮はいずれも、六カ国協議の実現のために知恵を結集しなければならない。

【註】

＊1　ドイツ人の中国史研究者オットー・フランケ（一八六三―一九四六）によると、Koreaという英文名は「高句麗」に由来するという（Otto Franke, *Geschichte des Chinesiichen Reiches*, 5v, Berlin, 1930-52, vol. I, p. 138.）。

（翻訳・金永完）

平和を実現する人たちは幸いである

馬　英林

尊敬する友人の皆様、ご参会の皆様

平和を実現する人たちは幸いである。その人たちは、神の子と呼ばれるからである。イエス・キリストは、天国の福音を広く伝え、教会の建立を開始したとき、カトリック教信仰の普遍的原理（すなわち、真福八端）を宣言した。「平和を実現する」ことは、そのうちの一条であり、またすべてのキリスト者の道徳行為および信仰追求の基準であり、目標でもある。「平和」という言葉には、調和・平穏・平等・友好の意味が含まれ、戦争もない、略奪もない、抑圧もないことを意味している。中国のカトリック教会は、キリストの教えに従い、戦争に反対し、平和を愛する強い願望を表明し、正義を擁護し、権威を尊重し、秩序を維持し、仁愛を励行するよう、絶えず信徒を指導している。私たちは、すでに幾回ともなく世界平和のための祈禱を唱導し、全世界のキリスト者に対して、祈禱、断食、贖罪等の善行によって平和をアピールし、戦争を阻止することを呼びかけている。

冷戦終結以来、東アジアはほぼ二〇年近い平和を共有し、地域戦争も起こっていない。これは争うべくもない事実である。しかし、地域内にはいくつかの政治的係争問題や未解決な問題として残されている歴史的な課題などがあり、それらが東アジアの平和、安全および発展の進展に数多くの不確定要素を添加させている。

中国は、東アジアに位置し、今日、ひたすら国の発展を図り、人民の生活の向上を目指して努力している。中国の発展は、平和的な外的環境と、平和で安定した近隣関係を必要としている。東アジアの平和は、中国の利益に符合するだけでなく、韓国、日本、その他の周辺国家の利益にも符合するものである。平和は、発展の基礎であり、前提であり、平和なくしては何物も達成できない。それ故、中国人民は、朝鮮半島問題等の未解決な係争問題の解決に関する中国政府の態度を支持する。すなわち、中国政府が地域の平和と安定の維持を政策の出発点とし、対話と交渉という平和的手段による紛争の解決を強調し、関係各国に対し、地域の緊張情勢の激化ではなく緩和を、当地域の関係諸国家の安全利益の危害ではなく擁護を呼びかけ、協働して対話と交渉を根本的に推し進め、朝鮮半島の平和と安定の擁護と、半島の無核化および東北アジアの長期的安寧と秩序の実現を目的とする中国政府の態度を支持している。

中国の宗教界は、中国政府の立場を完全に支持するものである。私たちキリスト者は、平和の使者および平和の道具となって神の平安をあらゆる人々にもたらすものでなければならない。さらにまた、聖フランチェスコの「平和の祈り」の中にあるように、憎しみのあるところに愛を、争いのあるところに赦しを、疑いのあるところに信仰を、絶望のあるところに希望を、闇のあるところに光を、悲しみのあるところに喜びをもたらすことができるようにと、祈るものである。キリストの光の下で、私たちが所有するすべてのもの、ひいては生命をも捧げて、団結して調和のとれた、仁愛の溢れた環境を作り、共に手を携えて人間性の善良、人類の幸福および社会の安寧に力を注ぎ、世界の真の平和を実現しなければならない。なぜなら、私たちは「神の子」と呼ばれるからである。

本日、ここにご参会の東アジア各国の宗教界の平和を愛する有識者の皆様、「和」と「愛」という宗教特有の働きに力を注ぎ、宗教界の対話と交流を通じて、東アジア各国民衆の相互認識、相互理解および意思疎通の深化を図り、相違を減少させ、矛盾を解決し、衝突を避け、東アジアの平和、発展および協力のために共に手を携え弛まず努力を重ねていこう。

ありがとうございました。

（翻訳・雀延花）

朝鮮半島の平和と東アジア共同体

田中庸仁

私は現在、世界宗教者平和会議（ＷＣＲＰ）日本委員会開発環境委員会の委員長として活動している。今から二〇年前、一九九〇年より、私はＷＣＲＰ日本青年部会の一員として日韓青年交流会に携わってきた。その体験を報告し、今後の朝鮮半島の平和と信頼、東アジア共同体による協働のあり方のヒントになれば幸いと思うものである。

本年一〇回を迎えた日韓青年交流会は、一九八九年両国代表による事前打ち合わせ会議から始まった。日本側は、小谷田昌亮幹事長（第四代幹事長）、三宅光雄幹事（第五代幹事長）、私、田中法隆幹事（第六代幹事長）、韓国側からは、崖俊植アジア宗教者平和会議（ＡＣＲＰ）ソウル平和教育センター所長、河永鍋牧師（クリスチャン・アカデミーおよびＡＣＲＰ平和教育センター諸宗教間対話担当）の五人で、暗中模索の中での打ち合わせ会議が始まった。

日韓両国は、歴史的にも文化的にも礼を重んじる国である。特に日本には「礼に始まり、礼に終わる」という、武士道精神がある。今日の日本文化形成の要因である渡来文化伝来の国の一つである韓国に、先ず日本から表敬訪問し、しかる後に韓国青年を日本にお迎えしようという、礼の精神から始まった。

そして、今は亡き姜元龍博士（韓国宗教人平和委員会（ＫＣＲＰ））の大きなサポートがあってこそ、今日第一〇回という長期にわたる大いなる信頼関係構築の小さな第一歩が踏み出されたのである。博士は「既成概念にとらわれない若者こそが平和実現の役割を果たすことが可能であり、視野・思考はグローバルに、活動はローカルに」と教示された。

第一回日韓青年交流は、「宗教青年の平和への役割」をテーマに韓国青年の日本訪問から始まった。初日の和やかな歓迎セレモニーとは打って変わり、金光教泉尾教会で始まった学習会では、熱烈なる韓国青年による過去の日韓関係に対する「お詫び」の強烈な要求があった。そして、「お詫び」がない限り、次のプログラムには進めないという厳しいものであった。いきなり会議は紛糾し、時代認識の希薄であった私をはじめ多くの日本青年は、驚き戸惑い、はじめて日韓の不幸な歴史の現実を目の当たりにしたのであった。その日は深夜に至るまで、日韓青年幹部の話し合いがなされた。翌日、三宅光雄幹事の「お詫び表明」がなされ、交流会は中断されず、プログラムは順調に進められることになった。

しかし、六日目の東京プログラムにおいて次なる問題が発生した。明治神宮に参拝したいという韓国青年の要望により、正式訪問、正式参拝の手配がなされた。日本側は、明治から昭和二〇年までの日本帝国主義（日帝）時代における日韓関係を鑑み、明治神宮参拝は本当に大丈夫だろうかと一抹の不安があった。韓国青年幹部にその旨を確認したところ、「大丈夫」とのことであった。明治神宮からも、「歓迎します」との快諾を得た。ところが、当日の朝、韓国の一部青年からの強烈な「参拝拒否」により、訪問中止となったのである。日本側は、早速、明治神宮に「事情説明とお詫び」に伺い、明治神宮の寛大なご配慮により事なきを得たが、これは今後の日韓交流会継続が危ぶまれる衝撃的出来事であった。

その間、場所を移しながらの学習会で、日本委員会の諸先生方から「きれいごとだけでは相互理解はできない。平和への道は根気と辛抱が必要」「両国間の歴史や問題の大きさを考える時、一日や二日では問題は解決しない。このような交流を続けることが大事」と教えられた。また、訪問地である複数の教団境内地に友好の象徴として記念植樹が行なわれた。当時、日本委員会平和研究所所長であった飯坂良明教授より「過去の日本による侵略が歴史的事実なら、それと同時に記念植樹も歴史的事実です。この二つの事実を将来にわたって伝え、共に手を携えて平和のために活動していくことが大事」と協働の意義が述べられた。今もなお、その樹は大きく成長し続けている。

異文化、異民族、異宗教が出会えば、衝突や違いがあって当然である。しかし、出会いがあればこそ深い学びと気付きがあることを経験した。二〇世紀までの異文化の出会いは、「自利」、即ち「自国の利益を求めるという小さな欲」の衝突であった。二一世紀は「出会いの世紀」としたい。信頼と尊厳を基盤に「利他」、即ち「地球の利益を求めるという大きな欲」に力を融合させる大転換する時だと思う。「違いを責めるのではなく、違いを認め合うことこそ宗教者の果たせることである。違いという多様性こそ、発展のエネルギーであり、アジアの魅力である」。

第二回日韓青年交流会は、日本青年の韓国訪問であった。朝鮮半島分断の現実である板門店の見学、日帝時代の侵略の歴史を刻み込んだ「独立記念館」の見学は、私たちにとって非常に衝撃的であった。仏教では、苦しみの根源は「無明」と教えている。真実を知らない、事実を知らないということから、悩み苦しみ、間違いが起こるということである。日本の青年は韓国訪問によって多くの歴史的事実と人々の苦しみを知ることができ、真実に目を向ける勇気が必要であるということを実感したのであった。戦争は人間を異常にし、狂気に変える。数々の殺戮や弾圧を繰り返し、エスカレートしていく。殺戮の人数や規模によって罪の重さが問題にされることがあるが、たった一人であっても、たった一回であっても、人間の命の尊さには変わりはない。

第三回交流会では、韓国側より「日本の神道の姿と心を知ろう、日本と日本人を知ろう」という意向により、伊勢神宮参拝の要望が出された。日本側は、第一回交流会の明治神宮参拝ボイコットという苦い経験があったので、「伊勢神宮は日本神社界においてもっとも大切な神社であるから、もし前回のような事態になったら、即時交流会を中止し、今後の日韓青年交流は中断する。その覚悟で望んで欲しい」と強く要望した。韓国青年は、敬意を持って伊勢神宮を参拝し、椿大社においては「みそぎ」体験を通じ、日本神道に対する理解を深めた。しかし、帰韓後、みそぎ体験をした韓国青年は「親日的過ぎる」との非難を浴びたと聞いた。歴史の溝を埋めることの難しさを痛感すると共に、理解を深めるには直接、出会うことの大切さも知った。

一九九五年春、私と赤川惠一事務局員が第四回交流会の打ち合わせのために訪韓した折、今回の会議のコーディネーターである金星坤博士と三日間にわたり、朝から夜まで徹底した検討会議を積み重ねた。博士は私たち日本側の多くの要望に対し、粘り強く耳を傾け、寛大な心で協力を惜しまれなかった。歴史的歩み寄りのためには、忍耐の必要なことを身を以て示して下さったのである。

帰国前、私と赤川事務局員は、来年取り壊されるという旧朝鮮総督府庁舎の見学に行った。李王朝、景福宮の門前に建てられた重厚な建物を見た時、日韓併合、朝鮮半島侵略により朝鮮民族の歴史とプライドを踏みにじった現実を目の当たりにした。館内の展示物を見学しながら、当時の日本軍や日本政府の施策の間違いや非を語り合いながら館内を見学した。旧朝鮮総督府庁舎を出た時に、私たちは一人の老人に呼び止められた。彼は顔を紅潮させながら、こう言った。「私は韓国解放後、今後、絶対に日本語は話さないと決め、五〇年間一度も日本語を話してこなかった。しかし、あなたたち二人が朝鮮併合における日本の非を語り、朝鮮民族に対するお詫びの言葉を語っている言葉を耳にし、そっとあなたたちの後をついてまわりました。私は、こんな若い人たちが、韓国にお詫びをし、日本の非を認めてくれている。わかってくれている人がいるのだ。生きていてよかったと思い、心からお礼の言葉がかけたくなって五〇年ぶりに日本語を話しました」。思いもよらない感動的な出会いであった。

真の平和と信頼は、理由の如何を問わず、悲しい苦しい思いをした人に対する「お詫びの心」と「寛容な赦しの心」が大切であると痛感したのであった。

そして、第四回交流会の訪韓では、日本の侵略の事実に対する「懺悔」として韓国独立運動に命を捧げた方々を祀る独立記念館の山腹にある「追慕の場」において日韓合同の祈りを捧げた。それは画期的な協働の実践であったと思っている。

ここで、私の信仰する仏教に伝わる逸話が今後の朝鮮半島の平和実現のモデルになると思い紹介したいと思う。釈尊在世当時、コーサラ国のヴィドゥーダバ（毘瑠璃）王が幼少の時、母の出身種族であるシャカ族の人々から、母の身分と自分の出生の秘密に対する不当な差別と恥辱を受けた。成人した王は三度にわたり、怨念を晴らすべくシャカ族を攻めようとした。釈尊はシャカ族の王宮に通じる道のほとりにある一本の枯れた樹の下に座って王を待った。「立派に生い茂った大樹はいくらでもあるのに、何故こんな枯れた樹の下で座っておられるのか」と問うと、釈尊は「王よ、親族の陰は涼しい。他人の中に独りいるよりも、どんなによいことか。枯れた樹とて、やはり同類の中にいたいものだからね」と身を賭して、非暴力無抵抗の実践により国を守ろうとされたと伝えられている。これこそ平和を守る理想的姿である。

また反対に、日本には昭和七年（一九三二年）に五・一五事件という青年将校によるクーデター未遂事件があった。襲撃された犬養毅首相が「話せばわかる」となだめると、青年将校は「問答無用」と銃殺した事件でのやり取りは有名な事実である。しかし、いかなる主張も破壊と殺戮を手段としていては何のプラスも生まれるものではない。

私は、大いなる調和を築くには、先ず「歴史的事実に対するお詫び」と「寛容」が大切であると思っている。そして、「自利」から「利他」への大転換、「地球の利益」を中心に考え、温暖化対策、貧困の撲滅のためにも、地球環境保全のための植林活動を通じて人道的協力を実践すべきであると思っている。過去の歴史とは関係のないことに関する協働こそが、平和を保ち新しい共同体の目指す方向ではないかと思うのである。

朝鮮半島の平和と東アジア平和共同体の建設

妙藏

一　はじめに

「韓日強制合併」一〇〇年を迎えた本年（二〇一〇年）、東アジア諸国が過去の紛争を治癒し、未来に備えるための場として、宗教平和国際事業団（ＩＰＣＲ）の主催の下でこの国際セミナーが開催されたことに、心よりお祝い申し上げる。同時に、今回のセミナーで主題発表を行なった各国の碩学の方々および国内外の宗教界の指導者、ならびにその他の来賓の方々に感謝を申し上げたい。

私は、「朝鮮半島の平和と東アジア平和共同体の建設」と題して報告された国際歴史教科書研究所の李泰永所長と共通の立場に立って、東アジア平和共同体の構想について若干の提案を行ないたい。

二　東アジアにおける朝鮮半島の平和

今より一〇年前のことになるが、朝鮮半島には平和ムードが醸成されていた。二〇〇〇年の「六・一五南北首脳会談」は、そのような期待の延長線の上にあったのである。しかし当時、日本のある日刊紙は、「…南北首脳間の対話は、今始まったばかりである。前例から分かるように、対話は突然中断される恐れがある」（『毎日新聞』二〇〇〇年六月一五日）と、南北首脳会談について「懐疑的な」予測を報じたことがあった。

この予測は、目前の朝鮮半島の状況をよく伝えていた。これは、「不幸にも、北朝鮮政府は、依然として世界で最も不透明で、予測不可能な国家」であると評価した『ニューヨーク・タイムズ』（二〇〇〇年六月一三日A二六頁）の記事と揆を一にするものがあったからである。

このように世界が注目する朝鮮半島は、東アジアの平和と明るい未来を招来するための核心となる鍵であると言っても決して過言ではない。一九四五年以来、何故に南と北という二つの体制が朝鮮半島に存在するようになったのかという理由については、ここであらためて指摘する必要もないことであるが、現在まで世界各国が明らかにしているように、不透明にして、かつ「予測不可能」な北朝鮮を東アジアの平和の舞台に再登場させることが重要な課題であることは言うまでもないところである。

韓国を含め、世界各国が北朝鮮の態度を予測することには限界がある。なぜなら、半世紀に及ぶ南北朝鮮関係の歴史からも明らかなように、国際社会は南北朝鮮および東アジア諸国の国際関係の枠組みを不断に修正し、補完してきたというよりも、その時その時に発生した事件にいかに対処するかという一時しのぎの方策に終始してきたからである。一、二回の首脳会談だけで、南北朝鮮における和解と協力の進展が成功するか否かを判断することは、極めて困難である。北朝鮮も自らの改革と開放に対して微温的な態度を示しているため、北朝鮮を客観的に予測するためには、理論と現実感覚とのバランス、学問的な分析の枠組みと体験的な分析の枠組みとのバランス、ならびに北朝鮮を国際社会のパートナーと見なすべきか、それとも敵国として見なすべきかというバランスをどのように図るべきかということが必要不可欠な課題とならざるを得ない。したがって、国際的な評価には、南北朝鮮間の共存の立場から北朝鮮に対する二つの部類の予測をバランスの取れた角度から考察・分析することが必要となる。

これまでの北朝鮮の変化に対する予測を類型化すると、次頁の「表」のようになる。

北朝鮮がどのように変化するか——これを、楽観的に見るにせよ、悲観的に見るにせよ、今日のセミナーのように朝鮮半島の平和問題を論ずる場合に必要不可欠なことは、北朝鮮における改革・開放の問題が検討されねばならないということである。二回にわたって開催された南北首脳会談における最大の争点も、「はたして北朝鮮は変化するだろうか」という問題に集中

〈表〉北朝鮮の変化に対する予測の4類型

		北朝鮮の変化の結果	
		楽観的	悲観的
根本的に変化するか否か	肯定的	① 根本的な変化 :体制が維持される	② 根本的な変化 :体制の危機が来たされる
	懐疑的	③ 一時的な変化 :漸進的な開放が必然	④ 一時的な変化 :実利獲得後現状復帰

（배진수「北朝鮮·統一·南北関係の予測」지샘,2006, p.170.）

していた。当時、海外言論の四〇—五〇%と韓国国内専門家の七五%は、「北朝鮮は、根本的に変化することはない」という懐疑的な見解を示した。これは、当時の韓国政府の対北朝鮮政策の方向性に深く関係していることを示唆している。それにもかかわらず、多くの専門家は、北朝鮮が、当時、変化しても、それは戦略的・実利的なレベルでの「一時的な」変化でしかないが、しかし、最終的には世界の開放化の大勢に従って漸進的に開放へ向かっていくだろうという、比較的楽観的な見解も同時に提示してい[*1]たという点では、新しい可能性が開かれていると言うことができるのである。

それに加え、東北アジア地域に強力な影響力を行使している周辺四カ国が、軍事的な対立構図を構築し、軍事的緊張を高める口実として北朝鮮問題を利用していることである。すなわち、米国は迅速な機動力による戦争の遂行能力を維持する方向で、中国は地域的戦力の構築を強化し、日本は弾力的で高度の先端戦力を保有する方向で、そしてロシアは防御戦力を維持する方向で、それぞれ自国の東アジア軍事政策を実施しているのである。このような現実は、東アジアの平和に逆行するものであって、この種の対立構図を清算するためにさまざまな努力を行なう必要がある。

三　東アジア平和共同体の構想への提言

朝鮮半島における戦争は、必然的に世界戦争へと拡大の道を辿ることになる。それ故にこそ、戦争による統一ではなく、資本主義や共産主義を平和的に清算する「第三の道」、すなわち韓国型進歩主義による統一でなければならないというのが曺奉岩（一八九四—一九五九）の平和統一論であった。統一のためには、国際社会が魅力を感じるような韓国型の文明基準と統一モデルが必要だというのである。(*2)

このように、曺奉岩は国民経済の発展と衡平性を同時に追求し、その可能性を提示していたのであって、二〇〇〇年と二〇〇七年に行なわれた南北首脳会談は、今日にいたるまで展開されてきた南北間の消耗的な対立と紛争を超える、東北アジア平和のための統一プロセスを創出したのである。「六・一五共同宣言」（二〇〇〇年）では統一の原則についてのみ合意に達し、平和の問題は空白状態に置かれた事実は、おそらく朝鮮半島の平和問題が国際問題であるということを、南北両側が率直に認めたものであろう。しかし、南北朝鮮が統一の原則に対する合意を通じて米朝―南北朝鮮間における平和の確立のための共通の土台を築き上げたという評価は可能であろう。このことは、南北朝鮮が相互にそれぞれの体制を認め、平和協定の締結に向かう可能性があることを意味する(*3)。

しかし、二〇一〇年三月二六日に発生した天安艦事件(韓国哨戒艇沈没事件)以来、南北朝鮮の関係は悪化の一途を辿っている。それにもかかわらず、朝鮮半島における恒久的な平和の構築および南北朝鮮の統合が東アジアの平和に直結しているという現実は、看過できない事実である。首脳会談という方式で妥協を模索し得ると考えるならば、まさしく今日こそ、李明博大統領が二〇〇九年九月二一日に提示したグランド・バーゲン(Grand Bargain)構想を必要とする時なのである(*4)。南北首脳会談は、これまでの不信を解消し、信頼を築き上げ、和解と平和を象徴するものとなろう。また、これを契機として経済・文化・宗教の分野で交流が行なわれれば、南北朝鮮における安全保障に対する脅威を減少させ、その結果、平和の迅速な到来に大きく寄与することになろう。

このような時にこそ、より重要なことは、一九九九年、米国の対北朝鮮政策調整官ウィリアム・ペリー(William Perry)が「先ず米朝・日朝修交・南北対話、その後に平和体制の構築」と提示した「ペリー報告書」のように、東アジアと朝鮮半島における平和体制の構築のための方策またはロードマップを誰が提示するのかという主体の設定と、それに加え各国の参加が必要不可欠であるということである。

これには、第二次世界大戦、韓日強制併合条約、朝鮮戦争などを含む過去の歴史の清算とその治癒プログラムの作成の鍵を握る活動主体の選択、そして東アジアの宗教界の積極的な協力が要求される。このようにして、あらゆる外交的な手段を行使して、関係諸国間の敵対意識を解消させ、紛争の平和的解決のための交渉に専念できる平和構築が開かれていくのである。

したがって、二〇〇〇年代以降、南北朝鮮の仏教界が共同で行なった金剛山の神渓寺と開城の霊通寺などのような北朝鮮の文化財の発掘・復元事業は、今日、再検討の必要がある。戦火により破壊された文化遺跡を共同で復元し、技術と装備ならびに伝統文化などを共有することによって、少なくとも金剛山地域では、一定の期間とはいえ、敵対意識が解消され、紛争地域が平和地域に転化したのである。

四　終わりに

私たちが望む「平和の構築」とは、紛争関係にある諸国と地域に対して戦争から平和への転換を可能にする一切の活動および支援プログラムをいう。そうであるとすれば、効率的に平和の構築を進めるためには、軍事・外交・政治・経済・人権の面におけるすべての主体が力を合わせ、しかも時を同じくして活動を展開することが必要となる。平和構築の核心は、未来の紛

争を平和的に解決し、国民を保護し、基本的人権を尊重する、正当性が付与された一つの新しい国家の建設にある。(＊5)

これまで私たちは、政府および民間レベルにおいて朝鮮半島の平和を確保するために、微弱ながら最善の努力を続けてきた。韓国のこれまでの努力の流れが、「南北間の交流・協力の強化→南北間の信頼醸成→南北平和体制の構築→南北統一」というモデルにあるとすれば、北朝鮮は「南北間の選別的な交流・協力→経済的な実利の追求→強力な軍事力の維持→強盛大国の建設→連邦制による統一」を主張してきたということができよう。このような平和構築の過程において、私たちは朝鮮半島の平和をめぐるさまざまな会談や合意に対し過度な期待を寄せる必要はない。これまで北朝鮮が会談や合意とその履行とは「全く別個の問題」という取り扱いをしてきたことを考慮すれば、南北間で行なわれるさまざまな会談や合意は、平和の維持あるいは平和の確保と結びつけて取り扱わなければならないであろう。

わが民族は、「白衣民族」と呼ばれるように、戦争を忌み嫌う平和的な民族として生活共同体を形成してきた。東アジア諸国に住む人々のイメージにも、これと一脈相通ずるものがある。シンガポール大使を歴任したトミー・T・B・コー（Tommy T.B.Koh）の述べているように、「東アジア人は対立より合意を好む。それ故、彼らは、個人の権利が家庭の権利や社会の権利と均衡のとれたものになっていなければならないと考えている。家庭や教育、そして節約の美徳が、社会の基礎をなすと信じている。彼らは、労働の倫理、国家的なチームワーク、そして共同社会を信頼している。このような普遍的な価値に基づいた国家共同体こそ、彼らの人生の不可分の要素となっているのである[*6]」。

このような東アジア共同体は、過去において植民地戦争の犠牲となった。今日の国際社会の体制を見ると、今もなお、平和の維持という課題を履行する環境は整えられていない。その他の多くの実例を挙げるまでもなく、朝鮮半島の状況がその明々白々な証しである。米国のジョンズ・ホプキンス大学のリオルダン・ロエット教授が指摘したように、「誰もが冷戦が終息したというが、これによりある種の平和が定着したと主張するのは愚かなことである。むしろ、結果はその反対であって、私たちは紛争が私たちの現実であると受け止めなければならない」。それ故、新しい国際秩序がいまだ一般化されていない以上、東アジアの平和は実現されていないのである。

【註】

*1 배진수「북한、통일、남북관계 예측：예측지표 및 예측평가（北朝鮮・統一・南北関係の予測——予測指標及び予測評価）」지샘、二〇〇六年、一六八—一七七頁。

*2 최배근「조봉암의 가치와 리더십의 부활（曺奉岩の価値とリーダシップの復活）」京郷新聞第二

〇二三七号、二〇一〇年八月六日三一頁。

＊3　서동만「대북 화해협력 정책의 평가（対北朝鮮和解・協力政策の評価）」（資料集『세계평화를 위한 한반도 화해와 통일국제회의（世界平和のための朝鮮半島の和解と統一の国際会議）』六・一五南北共同宣言の実践のための二〇〇一民族共同行事推進本部、二〇〇一年、三九頁。）

＊4　グランド・バーゲンは、二〇〇九年九月二一日、国連総会へ参加するために米国を訪問した李明博大統領が提示した対北朝鮮政策で、北朝鮮の核問題の解決のため、六カ国会議を通じて北朝鮮の核施設の核心たる部分を廃棄させると同時に、北朝鮮に確実な安全保障を提供し、国際的な支援を本格的に行なうという一括妥結案である。これはまた、「やるべきものはやって、もらうべきものはもらう」という概念として、北朝鮮が「核の非可逆的な廃棄」という措置を取れば、それに相応する支援を提供するという〝Big deal〟の意味をも含むものである。

＊5　송대성「한반도 평화확보：경험, 방안 그리고 선택（朝鮮半島の平和の確保――経験、方案、そして選択）」한울아카데미、二〇〇五年、九頁。

＊6　Tommy T.B. Koh「東アジアの肯定的価値」（『一〇三名の世界碩学が提示した二一世紀の予測』毎日経済新聞社、一九九六年、四七―四八頁）。

（翻訳・金永完）

朝鮮半島の平和と東アジア共同体の実現のための実践的戦略——代案を中心に——

崔　宰誠

一　朝鮮半島の「安全保障の不安」ならびに平和体制の構築のための交流と協力の活性化

1、朝鮮半島は、朝鮮戦争の終結後も依然として準戦時状態にある。

一九五三年に締結された停戦協定は、朝鮮半島の在り方を抑制する強力な規律として、南北朝鮮の不安定な平和関係を形成し、維持する役割を果たしてきた。

ここ一〇年間、二回にわたって南北首脳会談が開催された。しかし、南北朝鮮の軍事的緊張に変化をもたらし、恒久的な平和体制を構築するような拘束力のある合意は、一切成立していないというのが現実である。

2、朝鮮半島の「安全保障の不安」の構造的な原因である分断の解消が究極的な平和を意味するならば、この目的を達成するためのすべての活動は究極的な平和に向かう暫定的な平和というべきであろう。

南北朝鮮の間において平和協定の締結ならびに東北アジアの平和と安全保障の問題について包括的な協議を行なうために、六カ国協議の参加国が中心となる多国間協議体を構成し、地域内の政治と安全保障の環境を改善していかねばならない。

しかし、このような政治・安全保障の環境の改善は、東北アジア諸国に内在している紛争の要素を取り除く作業と並行して行なわれるべきであって、その前提として、国家間、地方政府間、公的機関や民間団体間における活発な交流と協力が行なわれなければならない。

二　東北アジアの紛争の現状

東北アジアには、いまだに解消されていない過去の歴史の残滓が存在し、排他的な国粋主義と敵対的な感情の復活の可能性という不信感が潜在している。

日本は、戦後、一五名の総理大臣が七〇回にわたり靖国神社に参拝したが、このことは東アジアの平和を脅威にさらすことになった。他方、ここ数年間、日本が歴史教科書に独島を日本の領土として明記したことから大きな領土紛争が惹き起こされている。

自衛隊の戦略的な配置、平和憲法の改正の動きなど、日本には軍国主義復活のきざしが見られる。

中国は、これまでの社会主義の代わりに愛国主義および中華主義を顕示し、排他的な民族主義を強化している。

例えば、東北開発プロジェクトを推し進め、古朝鮮および高句麗の歴史を自国の歴史に編入しようとする意図を露わにしている。

さらにまた、領土と資源ならびに人口と資本を武器として、東北アジアはもとより、世界経済の覇権をも掌握しつつある。

三　共同繁栄の根拠

1、このように利害の対立と紛争の要素が存在しているにもかかわらず、東北アジア諸国は文化の類似性と伝統を共有している。

仏教や儒教は、長い間、東アジア諸国の指導理念および価値観として人々の生活と思考の中に深く根を下ろし、影響を与えている。特に、礼節の重視・家族愛・共同体への帰属意識は、現在においても最も基本的な社会的価値体系である。

また、これらの国々は独自の言語体系を発展させたものの、同一の漢字文化圏に属している。このように同一の漢字を共有している歴史が、東北アジアの社会的・文化的発展に寄与してきたのである。これらの国々は、今日、依然として、多くの場合、哲学・経済・憲法などの分野において同一または類似の学術用語や概念語を共有している。

2、経済・文化の交流が活発に展開されている。

韓・中・日の三国は、互いに一から三位の交易国である。

また、「韓流」として知られている韓国の大衆文化の流行、国際結婚の増加および労働者の流入によって、多種多様な「文化商品」の輸出入が増加の一途を辿っており、人的交流も活発になりつつある。

四　共同の努力

1、国家間・地方自治体間における協力の活発化

国立大学や国策研究所などのような教育・研究機関との協議を通じて歴史の共同研究を活性化させ、持続的な研究を通じてこれを補完し、発展させる。

「東北アジア地域地方政府連合」（The Association of North East Asia Regional Governments：NEAR）の活動を支援し、地方政府の後援を基盤としたスポーツ・リーグを活性化する。

一九九六年、南北朝鮮・中・日・ロ・モンゴルなどの六カ国五九の地方政府で構成された連

合体が創設された。現在のプロジェクトの一つは、「東アジア共同文化遺産発掘事業」（仮称）の推進である。

2、市民団体および民間機関間におけるネットワークを構築し、共同事業を展開する。

若い世代を中心として、韓・中・日三国における紛争と繁栄の歴史を直接、体験し、共有できる機会を用意する。例えば、ソウル・天安、北京・南京、東京・広島などの歴史的場所を相互訪問する。

東北アジアの主要都市において、毎年、文化と芸術の交流を促進するために文化フェスティバルや芸術コンテスト大会を開催する。そのため「東北アジア文化協力基金」（仮称）の創設を検討すべきである。

韓・中・日三国間におけるTV共同チャンネルの設置を段階的に推進する。

五　結論

1、東北アジア諸国は、相互に「近くて遠い国」である。

地理的にも文化的にも、これらの国々は相互に兄弟国のような関係を発展させることができたはずである。しかし、実際は、植民地支配・虐殺・戦争といった血のにじむような歴史や、独島の領有権をめぐる領土紛争が今なお存在している。

また、北朝鮮問題のように、東北アジアにおける地域の安全保障は、世界平和に決定的に重要な位置を占めている。

したがって、平和体制を構築し、経済協力を強化すれば、失う利益よりも得られる利益のほうがはるかに多いのであるから、これらの国々は相互に最も重要なパートナーになれるのである。

2、自国の利益のみを関心事としてその極大化を企む勢力による歴史的事実の歪曲と扇動的行為という悪循環を克服し、相互協力と交流を通じて、東北アジアの大いなる未来の構想の共有化を推し進めていかねばならない。

（翻訳・金永完）

朝鮮半島の平和と東アジア共同体

曺　敏

一　朝鮮半島の平和と東アジア

東アジア地域は、二一世紀における世界の中心として浮かび上がろうとしている。韓国・中国・日本は、経済成長と繁栄をその基盤にしてアジア太平洋の時代を開きつつある。東アジア三国は、ヨーロッパ文明とは異なり、漢字文化をその基盤にして相互に文物を交流し合いながら、長い間、それぞれ独自の固有の歴史と文化を享有してきた。最近、韓・中・日三国の経済的・人的交流や協力は大きく拡大の一途を辿っており、このような傾向はますます強まるものと予想される。このような事実に思いをいたすとき、私たちは東アジア共同体の形成を展望し、期待することが可能となるのである。

しかし、単に経済的な交流と協力、そして繁栄の期待だけでは東アジアにおける共同の未来を開くことはできない。東アジアにおける新しい時代を開いていくためには、韓・中・日の三国の、過去の歴史を省察するだけではなく、相互の理解と信頼の土台を築き上げる共同の努力をしなければならない。

東アジア三国は、略奪と侵略という不運の歴史を共有している。一六世紀末、七年にわたって行なわれた日本の朝鮮侵略、およびそれに伴う明の朝鮮出兵、そして一九世紀末に勃発した日清戦争は、いずれも朝鮮半島をめぐって展開された大陸勢力としての中国と海洋勢力としての日本との間における対決であった。その後、二〇世紀中葉、日本の帝国主義による植民地支配から脱却した朝鮮半島は、またもや世界の強大国が覇権闘争で角逐し合う場と化してしまった。このように朝鮮半島は、大陸勢力と海洋勢力にとって地政学的な要地であって、朝鮮半島における安定と平和の維持は東アジアの平和のための必要不可欠な問題なのである。

冷戦体制が終わるや否や、朝鮮半島の「分断平和」も終焉を告げたが、これは皮肉な歴史の一面を表すものである。東西両陣営の体制が維持され、かつ保障されてきた冷戦時代が終わると、北朝鮮は自らの体制を確保するために核の保有という戦略を選択し、改革と開放の道を拒否した。その結果、「冷たい平和」(Cold Peace)ではあったものの、「分断平和」の時代の幕は下ろされることになった。そして、社会主義体制が崩壊して以来の二〇年間、朝鮮半島は、北朝鮮の挑発的な生存戦略と核問題による危機と対立が絶えず繰り返されることになったのである。

北朝鮮の改革・開放の拒否と核保有の戦略は、北朝鮮国民に経済の疲弊化と回復不能な状態をもたらした。その結果、北朝鮮体制の未来の不透明性が、朝鮮半島の危機の主要な要因となっている。北朝鮮が核の放棄を決断しなければ、朝鮮半島の「強固な平和」の構築は不可能である。東アジアの平和のためには、北朝鮮は核の放棄という合意を履行する以外に選択の道はないのである。北朝鮮における核問題の解決が行き詰まっているにもかかわらず、北朝鮮は最近、韓国に対し挑発的な行動をとり、朝鮮半島を含む東北アジア地域に緊張を惹き起こした。それ故、北朝鮮の核問題をめぐる六カ国協議の参加諸国が積極的な努力を展開し、すべての関係諸国が朝鮮半島の安定のために問題解決の意志とそのための協力を強化することが緊急焦眉の課題となっている。

二　朝鮮半島の統一と東アジアの平和

朝鮮半島の平和は、東アジア地域の安定的な経済発展と直結している。朝鮮半島の平和は、朝鮮半島の統一を通じて確立され得るのである。したがって、朝鮮半島における平和体制の構築と朝鮮半島の統一は、相互に切り離すことのできない問題である。平和体制の樹立は当面の課題ではあるものの、平和体制が朝鮮半島の新しい分断体制として位置づけられてしまうと、真の意味の平和の実現は不可能となる。東北アジアの安定と平和のためには、朝鮮半島が平和的、かつ民主的な国家として統一されなければならない。それ故に、韓国は「統一のための平和、平和のための統一」をモットーにしなければならないのである。

東北アジアの平和のために行なう六カ国協議の価値と意義は極めて大きい。六カ国協議の目的は、北朝鮮の非核化を平和的な方法で達成することにある。このような六カ国協議は、東北アジア地域における安全保障共同体の在り方を進展させ、こうした協力的な安全保障共同体の成立が、今度は北朝鮮の未来に対し一層明るい展望を提供することになる。さらに、地域安全保障体制としての六カ国協議は、北朝鮮の非核化および朝鮮半島における平和体制の樹立を支援し、かつ保障する枠組みとしての役割を果たすことになる。それと同時に六カ国協議は、究極的には南北朝鮮住民の意志と合意による統一を支持し、尊重する平和協力的なメカニズムとして発展していかねばならない。この意味において、六カ国協議の再開のためには参加諸国の努力と積極的な態度が必要となる。

朝鮮半島の平和統一は、東北アジアの平和と繁栄につながる。換言すれば、朝鮮半島の分断状態による紛争・対立は、朝鮮半島内に局限されず、国際社会全体に諸々の弊害を生み出している。なぜなら、朝鮮半島における緊張と紛争は、東北アジア諸国間に不必要な競争と対立をもたらしているからである。有形たると無形たるとを問わず、このような軍事的・安保的・政治的・外交的・経済的局面における消耗的な費用はすべて、まさに「国際的な分断の費用」以外の何物でもない。したがって、朝鮮半島の再統一から生起する東北アジアの平和的利益を創出するよう努力を払わねばならない。このことは、朝鮮半島の再統一によって生起する東北アジアの平和は、周辺諸国の軍事的・安保的・政治的・外交的・経済的利益を将来にわたって保障することを意味する。

朝鮮半島が南北に分断され、紛争と対立の構図の中で互いに争っている限り、東アジア共同体の設立を追い求めることは困難であろう。したがって、朝鮮半島の再統一は、東アジア共同体の創出の契機とならねばならず、さらにまた二一世紀における全人類の調和と協力の新しい文明を助長していくうえでその中心的な役割を果たすものとならなければならない。そうした歩みの中で、再統一されたコリア＝朝鮮半島は海洋文明と大陸文明の調和・発展を経て平和と繁栄の中心地となるであろう。それ故に、朝鮮半島の新しい未来を切り開くためには、韓国は「平和統一志向的な南北関係」を追求するとともに、「近隣諸国との平和統一友好政策」を追求していかなければならない。

三　東アジア共同体の模索

東アジア共同体は、さまざまな方向からのアプローチが可能である。すなわち、東アジアの安全保障協力共同体の形成をはじめ、東アジアの経済共同体・環境共同体の形成、そしてまた東アジアの文化ネットワークの形成が歩を共にしつつ、同時に推し進められていかねばならない。

東アジア共同体を創出するためには、軍事や安全保障の面での紛争のさまざまな要素が解消されていなければならない。このためには、韓国は韓米同盟体制の維持、そしてこの同盟体制と東北アジアにおける多国間安全保障共同体の形成を調和させるさまざまな道を模索していかなければならない。換言すれば、韓米同盟の未来ビジョンに基づいた「開かれた東北アジア共同体」という構想を実現していくためには、韓国は米国・中国・日本・ロシアに対し、平和に対する確固たる意志と政策を示さなければならない。韓国は、「核を持たない平和な国家」という原則の下で、朝鮮半島の統一と東北アジアの平和を同時に追求していかなければならない。このためには、次のことを考慮する必要がある。

まず第一に、韓米同盟の将来については、単なる軍事志向的同盟を超えて、民主主義と市場経済を拡大する価値志向的同盟に向かわなければならない。朝鮮半島における「非核平和」統一の追求は、米国の「核なき世界」という構想の実現につながる。東アジア共同体は、米国の積極的な参与の下で東アジア・太平洋地域における米国の戦略的な安全保障上の利益に背馳しない方向へと追求されていく必要がある。

第二に、朝鮮半島と中国は、両者に互恵の環境を創り上げていかねばならない。韓国と中国は、互いにより良い共同の未来のために一層、成熟した歩み寄りを進めていかなければならない。両国は、相互の利益構図を明確に認識すべきであって、ゲームの論理に陥ってはならない。韓国は、中国の東北三省との「辺境協力」を通じて、朝鮮半島の地政経済学的（geo-economic）な価値に光を当てるべきである。特に、韓国と中国が共に繁栄していくための未来を共に創り上げる努力が必要である。例えば、中国の東北地域に位置している内モンゴル自治区の砂漠化を防ぐための造林事業において韓国と中国が相互協力を行ない、また新疆ウイグル自治区・チベット自治区の発展のために経済協力や投資を共に行なうことが望まれる。ひいては市民社会のレベルでの東アジアの平和プロジェクトを、韓国と中国が共同で推進していくことも期待されている。

第三に、朝鮮半島の分断の責任は、朝鮮半島に対する日本帝国主義の強制的な占領に由来する。日本は、朝鮮半島の統一を支持し、そのための協力を行なうことによって、韓日関係の暗い過去から脱却し、より明るい共同の未来を約束することが可能となるのである。二〇一〇年八月、韓日強制併合一〇〇年を迎え、日本の管直人総理大臣は、日本の韓国植民地支配に対して謝罪する公式談話を発表した。これを受けて韓国政府は、これを日本の「韓日関係改善の意思」として受け止め、歓迎した。今後、韓日両国は、さまざまな分野において、両国の明るい、新しい未来の実現に向けて数々の努力を積み重ねていかなければならない。朝鮮半島が統一され、日本と朝鮮半島が海底トンネルを通じて直接結ばれるようになれば、中国の東北三省およびシベリア・極東地域へ共に進出することが可能となる。これにより日本は、「二一世紀東アジア共同体」の新しい時代を迎えることになろう。

第四に、本年二〇一〇年、韓国とロシアは国交樹立二〇周年を迎えた。朝鮮半島の統一は、大韓帝国以来一世紀にわたって求めてきたロシアの東アジア・太平洋地域への進出をはじめて可能にすることとなろう。これは、帝国主義の侵奪ではなく、平和と共同繁栄の協力的メカニズムを通じて実現されるべきものであって、注目に値する。朝鮮半島の統一は、ロシア・シベリア・極東地域に経済協力と繁栄の機会を提供するだけではなく、ロシアの「東アジアへの招待」を可能にし、ロシアが長い間抱いてきた宿願が実現する契機となろう。

東アジア共同体が形成されれば、韓国・米国・中国・日本・ロシアなどの域内の諸国は平和を一層強固にし、かつ一層広い協力で結ばれる新しい時代を切り開いていくことが可能となろう。したがって、韓国は朝鮮半島の「非核平和」の原則の下で平和に対する強靱な意志をさらに強化し、平和政策を追求し、実践していかねばならない。このためには韓国は、北朝鮮が挑発の誘惑に陥らないように隠忍自重し、自制に努めなければならない。

東アジア共同体の形成の過程において、韓・日・中の三国がそれぞれ持っている独自の「歴史の記憶」が東アジア地域の統合を妨げるような障碍物となってはならない。国家中心的な思考方式や役割を漸次縮小させつつ、「主権意識」よりも「市民意識」を前に出さなければならない。今こそ、二一世紀における人類社会の新しい未来に向けて、東アジアにおける真の意味での「市民共同体」(Citizen Community)を追求すべき時なのである。

(翻訳・金永完)

東アジアの平和の過程とヨーロッパ統合の啓示

李　道剛

一　はじめに

周知のように、第二次世界大戦後、東アジア地域の平和および安定の問題は、事実上二つの超大国の手に握られてきた。二〇世紀末葉、ソ連の国内政体の解体に従い、一超多極化の新しい局面が確立された。米国および東アジアの諸国にとって、平和の歴史的契機が訪れてきたのである。これまでの歴史的経験からも明らかなように、平和を実現させるには、二つの主要な道がある。一つは、主権国家の武力により国際間の暫定的な「平和」の均衡を維持することであり、もう一つは、多国的・超国家的なメカニズムによって、経済的・文化的共同体を創建することにより持続的な「平和」を実現することである。前者は暫定的平和であり、後者には「永久的」な平和をもたらす可能性が含まれている。ヨーロッパにおける持続的な平和の経験は、冷戦時代のさまざまな平和モデルの対立から抜け出し、最終的には一つに統合化された形で実現したものである。このことは、世界の平和の歩みに新しい道を提供するものである。

二　ヨーロッパにおける平和構想の理論的基礎

古代ギリシアおよび古代ローマの理論面での貢献は、宇宙秩序や天下大同の思想を発展させ、ヨーロッパの各民族に全般的に超国家の制度や文明を受容させる礎となったことである。四世紀以降、キリスト教はヨーロッパの政治・経済・文化の領域にますます大きな影響を与えることになり、言語や地域の障壁を超え、国境や民族の壁を打ち破っていくことになった。「ヨーロッパの大統一」という思想は、中世におけるこのような普遍的宗教文化の環境の中から生まれてきたのである。ドイツの詩人F・フォン・ハルデンベルク（一七七二―一八〇一）は、一七九九年に、『キリスト教国家かヨーロッパか』(*Die Christenheit oder Europa*) という一文を書き、中世は、神と世界と人類とが融合した一体化の時代であったと、指摘している。ヨーロッパが完成すべき歴史的使命は、単に理性精神による政治的統一ではなく、宗教伝統の復興を目的とするものであった。また、中世には、厖大な帝国を建設することにより、ヨーロッパの宗教・文化・政治・経済における全面的な統一の実現を夢想した者もいた。(*1)

カント（一七二四―一八〇四）は、その名著『永久平和のために』の開巻劈頭で、道標として書かれている「永遠の安息の場所へと導く」という言葉を用いて、世界平和に対する深遠な哲理を言い表わしている。彼は、武力で得た平和は、戦争と戦争との間隙《かんげき》にすぎないし、このような平和は最終的には死体置き場でしか見つからないと考えている。また、カントの見解に従えば、文明民族にとって最大の災害は戦争であるとしている。「普遍的かつ永遠の平和を確立するとは、純粋理性の範囲内での法理論の一部だけでなく、理性の最高目標でもある」[*2]。カントは、ルソー（一七一二―七八）の思想を引き継いで、「自由国家の連邦」の設立を主張する。すなわち、自由国家の連邦とは、各国が自由意思に基づいて国家連邦を結成し、ここにおいてはすべての構成員の権利が保障される。いわゆる「自由国家の連邦」とは、国家間の平和的かつ調和的な状態であり、それはちょうど国家契約の締結に際して各人が互いに自己の小さな部分的権利を放棄すれば（もっと正確に言えば、独断専行を放棄すること）、各人の独立性が失われないばかりか、国家の独立も確実に保障されることになるというのと揆を一にするものがある[*3]。カントは、ヨーロッパ大連邦の実現を夢見ていたのである。この壮大な目標を実現するためには、ヨーロッパ各国は「共和」の形式で「法的共同体」となり、数多くの小連盟から大連盟を形成することになる。しかし、この目標は最終的に実現することはなかったのである。

　ドイツの哲学者で、文学者であったフォン・ヘルダー（一七四四―一八〇三）によれば、ヨーロッパはさまざまな民族的性格を持った共同体として理解されるべきであるとしている。フィヒテ（一七六二—一八一四）は、このような国際的連合体が拡大されて、全世界にまで及べば、永遠の平和が確立できると考えていた。永遠の平和は、各国間の唯一の合法的関係である。しかし、この国際的連合体は国際法に基づいて作られた国家間の秩序であり、いわゆる「世界国家」ではないと、彼は強調している。(*4)

一八一四年、フランスの思想家サン・シモン（一七六〇—一八二五）と歴史学者オーギュスタン・ティエリー（一七九五—一八五六）の共著『ヨーロッパ共同体の再組織化、すなわちヨーロッパ諸国の人民を一つの政体に統合し、人民の民族的独立を維持する手段と必要性について』（*De la réorganisation de la société européenne : ou de la nécessité et des moyens de ressembler les peuples de l'Europe en un seul corps politique, en conservant à chacun son indépendance nationale*）の中で、ヨーロッパ共同体の設置を系統的に論じた構想を提起した。これは、二〇世紀以来西洋のさまざまな学説の中で、最も影響力のある著作であると言われている。サン・シモンは、計画的生産組織の原理を提出した。彼は、科学と工業の密接な統合により計画的生産管理を実現すべきであると指摘している。社会主義制度の下にあっては、人に対する政治管理は物に対する支配と生産過程に対する指導へと転換すべきであり、それによって国家は廃止にいたることになる。エンゲルス（一八二〇—九五）は、サン・シモンのこの思想に肯定的な評価を与えた。(*5)

フランスのもう一人の思想家、プルードン（一八〇九—六五）は、ヨーロッパの政治過程は非中央集権の連邦形式を取るべきであり、社会メカニズムの運用は相互互恵的であるべきであると考えている。彼の言葉を借りれば、いわゆる「農工連邦」である。プルードンは、契約を基礎に置く結社の自由が国家主権に取って代わり、民族連邦制が最終的にヨーロッパ連合体への発展を可能ならしめると考えていた。戦争はこれによって消滅し、連邦条約の遵守は仲裁裁判所によって監督されることになる。連邦の内部では、国家の統治は企業の管理に譲ることになり、社会秩序も約定と交換から生まれる。国家の伝統的政治権力は、非中央集権式の社会過程の確立の中で、次第に取って代わられることになる。このような社会の中で、経済的には互恵主義が実行され、社会生活は公社化されていくことになる。(*6)

近代のヨーロッパの平和主義運動は、まさしく上述した思想を理論的資源としてきたのである。

三　ヨーロッパ平和運動の歴史的軌跡

ヨーロッパの国家間には天然の障壁がないため、国と国の間の地理的境界はあまり明確ではない。境界の融通無礙さは、これらの国々に頻繁かつ持続的な商業活動や文化交流を展開させ、活力に富んだヨーロッパ文明をもたらした。「ヨーロッパ」とは、一種の政治的・文化的概念であり、単なる地理的概念ではない。ヨーロッパにおける平和の形成や発展は、長い歴史を経験してきた。一八世紀にいたってはじめて、明らかな立憲制のモデルが現われた。一七一三年、オランダのユトレヒト会議の平和計画によって得た力を背景として元老院は、立法権と行政権を一身に集中し、ヨーロッパのすべての政治権力の均衡を制御し、真面目に耳を傾けない王侯や公爵を服従させたのであった。フランスの思想家ルソーは、この計画を評価して、はたして各国の君主が心から真摯に平和を望んでいるのかどうか、深い懸念を表明していたという。(*7)

一九世紀におけるヨーロッパの政治的局面は、産業革命の影響を受け、巨大な変革が起こった。一八一四年から一八一五年の間に、ヨーロッパ列強は平和を求めて準則の制定を開始した。主な参加国は、ナポレオンから勝利を獲得して結合した四大国、すなわちロシア・イギリス・オーストリア・プロイセン（一八一八年以降、フランスも参加してくる）であった。形式上、当事国は自国にかかわる案件については表決権を持ち、同時に小国にも第三者に仲裁や調停を要求するチャンスが与えられていたが、実際上、小国の参与権は非常に限られていた。会議で提出されたヨーロッパ諸国間における関係処理に関する均衡原則は、一九一四年まで大きな影響を与えてきた。

一九世紀の初め、列強の間で頻繁に外交会議が開かれるとともに、キリスト教平和運動も一八一五年から始まり、地方組織は大規模な全国的組織へと迅速に結成されていった。これらの組織は、民間で頻繁に活動を行ない、直接的あるいは間接的な手段で平和を維持することを提唱した。これらの組織は、風俗の改良、国際交流の拡大、軍隊の廃止、平和研究の推進、メディアによるキャンペーンの強化、より大きな平和組織の設立、連邦の設立、公使代表大会の常設、世界議会の機能の発展、国際法の制定、仲裁調停のメカニズムの拡大に貢献した。ウィリアム・レーデ（一七七八―一八四一）は世界立法議会、さらにまた仲裁および司法機能をもつ国際裁判所の創立を構想していた。

一九世紀前半、ヨーロッパの市民社会の平和運動は最初のピークに達した。一八四三年、米英諸国の代表がロンドンに集まり、平和問題についての討論がなされた。一八四八年一二月には、第二回国際平和会議がブリュッセルで開幕された。翌年、パリで第三回の大会が開催された。有名なロマン主義作家で、人文主義者であったヴィクトル・ユーゴー（一八〇二―八五）が大会の議長を務めた。第四回国際平和会議は、一八五〇年の夏、ドイツのライン川沿いのフランクフルトで行なわれた。ロンドン会議では、主に仲裁メカニズムについて議論がなされ、ブリュッセル会議でもこの論題は継続された。同時に、軍備削減と国際法典の編纂が議事日程に組み入れられることになった。パリ会議でも、この三つの問題についての議論は継続された。フランクフルト会議で重要な結論がなされた。すなわち、国家間の紛争は、仲裁手続などのように、平和的な交渉手続で解決されるべきであるというのが、その結論であった。代表たちは軍縮メカニズムの構築を呼びかけており、また戦争を目的とする武器の譲渡を禁止した。この会議はまた、内政の不干渉の原則を強調し、国家より代表を派遣し、平和会議の開催を提唱し、国際関係を調整するため「国際法憲章」を起草し、制定した。(*8)

平和主義者の理想とする目標は、当時の歴史的現実から遊離していたこともあって、その成果は極めて微弱なものでしかなかった。しかし、仲裁は、紛争調停のメカニズムの一つとして、一九世紀後半から広く採用されるようになった。このメカニズムをさらに推し進めた一人として、スイスの国家法および国際法学者、J・K・ブルンチュリ（一八〇八―一八一）の貢献は特記すべきものがある。彼は、一八七八年に、ヨーロッパ連邦と連邦議会の設立によって持久的な平和の実現を呼びかけた。また、法律紛争は裁判所ではなく、単一仲裁裁判所によって解決すべきであると主張した。その後、J・ロリマー（一八一八―九〇）の提議はこれよりさらに先を行くものであった。すなわち、ヨーロッパで連邦制国家が建設されるべきこと、さらにこれに加えてヨーロッパの連邦政府は独自の軍事力を持ち、法律執行の有効性を確保すべきであるというのが、彼の提議の内容であった。また、当然ながら、彼が国際裁判所の設立を誰よりも願っていたことは言うまでもなかった。ドイツ平和協会の創立者であるもう一人の平和主義者A・H・フリート（一八六四―一九二一）は、一八九九年に「平和フォーラム」（*Die Friedens-Warte*）という雑誌を創刊し、広く国際的な影響を巻き起こした。当時の国際法に関する多くの問題は常に「平和フォーラム」の焦点となっていた。実際に、ヨーロッパ大陸、特に、ドイツ、オーストリア、スイスの平和主義者はカントの「永久平和論」の擁護者でもあり、彼らは普遍的善と倫理共同体の世界を心より望んでいた。(＊10)

要するに、一九世紀中葉に起こったヨーロッパの平和運動も、ヨーロッパ連邦の設立を望み、これこそが永久平和への道と考えていたのである。啓蒙運動以降の自由主義の経済モデルおよび民主政治に対するヨーロッパ人の一般的な認識に従い、各国の長年にわたる理想的な協力に対する願望は、次第に現実的な利益追求へと変わっていった。ヨーロッパ統合化の思想もまた、そうした観念の上で根本的な変化が生じることになった。すなわち、国家主権を制限することなく、業種間での協力関係を発展させ、ヨーロッパ内部の経済発展および社会進歩の推進を具体的な目的とし、共同体の最終目的を実現することであった。ヨーロッパ諸国は、交通や通信、知的財産、国際私法領域において広範囲な協力を開始することになる。これは、その後の各領域での統合化の基礎となっていった。しかし、もう一方では、これらの協力は単なる技術面での特徴を持っているにすぎなかったため、その範囲や影響力は非常に限られていた。二〇世紀初頭に勃発した第一次世界大戦は、ヨーロッパの民族国家の意識を動揺させはじめ、政治的統一化が議事日程の上にのぼるようになり、ヨーロッパ諸国は「国際連盟」の大きな枠組みの下でより一層密接、かつ有効な協力を発展させていくことになった。

実にこれらの要素こそ、それ以降のヨーロッパ共同体の基礎となり、中世以降形成されてきたヨーロッパ人の民族国家意識を漸次、変えはじめていったのである。これらの思想の中には、第一次世界大戦の前に生まれたものもあれば、第二次世界大戦後に生まれたものもある。「ナチス」ファシストの侵略とその統治を経験したヨーロッパ各国政府は、ヨーロッパの統合こそが平和実現のうえで重要かつ切迫したものであることを切実に感じることになった。一般市民の間の平和思潮のうねりが高まる中で、最終的にヨーロッパ統合化の正式の幕開けとなったのである。

四　ヨーロッパの経験の貢献

ヨーロッパ統合化の前史についての上述の概括と理解から、次のような結論が導き出される。すなわち、ヨーロッパ列強間で延々と続けられた戦争がヨーロッパ分裂の原因であるが、他面、共通の文化資源が、疑うべくもなく再統合を必然化させる原動力であった。次の五大資源が、ヨーロッパ統合化の理想を現実化するうえで鍵の役割を果たした。すなわち、古代ギリシア民主制、ローマ法、一五〇〇年に及ぶキリスト教のヨーロッパ統治、自由・平等・博愛を希求した啓蒙政治哲学とイギリス産業革命の反省の上に立つ社会主義思潮がそれである。ヨーロッパの平和主義運動は、まさしくこのような背景の下で興起し、第二次世界大戦後、さらに新しい発展の契機を求めて持続的な平和を実現させたのである。
筆者は、ヨーロッパの道は東アジアの平和を実現するうえで二つの重要な啓示を与えてくれるものと考えている。

1、手段の選択——統合化の方式を通じてこそ、真の平和を実現できる。この点は上述したとおりである。したがって、ここでは主として第二について論じることにする。

2、現実的条件——「調和ある文化」を共同体の基礎とする。

（一）宗教哲学の文化

儒教思想と仏教は、東アジア（東南アジアを含む）地域に広く伝わっている。仏教は、出世間の宗教哲学であったこともあって、個別の政教一致の国家や地域を除けば、世俗権力に与える影響はそれほど大きくなかった。それに対し、儒教思想は東アジアの準宗教として、これらの地域に対する影響は、周知のとおり深遠なものがあった。

前近代の東アジア地域の国際関係の理論的基礎は、宋・明の理学が主導する、いわゆる「華夷観」である。漢代より儒教が「国教」とされてから、華夷論は次第に東アジアの国際秩序についての学説の中で「顕学」となり、礼の教えの重要な内容となっていった。古代朝鮮の国際観念は、主として朱子学の華夷観を受容している。(*11) 一六世紀初頭から、朝鮮文化への自尊の意識が高まり、ヨーロッパ中世の文化普遍主義の思潮に似た、いわゆる「小中華論」が形成され、宋時烈（一六〇七―八九）などの人々はそれらを一つの理論体系にまで昇華させたのであった。(*12)一八世紀以来、東アジアの国際情勢は比較的安定していたこともあって、清は次第に周辺諸国家から中華文明と一体視されるようになった。こうした思想的転換は、李星湖（一六八一―一七六三）によるものと言われなければならない。彼は、いかなる国家であれ、礼楽制を備えた国家であれば「中華」となり得ると考え、国家の独立性を認めたのである。丁茶山（一七六二―一八三六）は、李星湖に続き、東夷文化を再認識すべきであると主張し、唯我独尊と閉館鎖国を放棄し、各国文化の相対性と平等性を重視したのであった。(*13)

儒教に対する日本の態度はもっと複雑であった。日本は初期の儒教の伝統を受け継いだが、前述したように、近代初期の東アジアの国家関係は、礼を基礎とする「華夷」の秩序であった。江戸時代の日本の外交官は多くは、儒者が担当していた。形式上、仁と礼が国家関係の基準とされていた。この時期、朱子学はすでに隆盛を極めており、その中心思想である「天理」は、超国家的普遍主義哲学になっており、天と人の関係を究明することが重要な学問となっていた。明治維新の初期において、近代国家の協力主義と儒教思想は融合されなかったため、儒教は排除されることになった。しかし、要するに、儒教思想が日本の国民性に対して影響を与えたことは、争う余地なき明白な事実である。いわゆる「和魂漢才」説は、道理に合った説と言えないわけでもない(*14)。

ヴェトナムも、歴史上、儒教を国教とする国であった。一一世紀から一九世紀まで、儒教はヴェトナムで重要な役割を果たしてきた。ヴェトナムの経済学者は、当時の国家管理の需要に応じて新しい儒教思想家の経典をヴェトナム化した。しかし、ヴェトナムは、漢字文化圏の外縁に置かれていたため、儒教の輸入は比較的緩慢であった。それでも、二〇世紀末までに、程朱理学はヴェトナムで支配的な位置を占めるにいたった。儒教思想の内容も、東アジアの他地域と必ずしも同じとは言えないにしても、今日のヴェトナムが依然として少なからず儒教要素を保持していることは、これまた争うべくもない事実である。

(二) 政治文化と法律文化

東アジアおよび東南アジア諸国は、いずれも類似した政治文化と法律文化の伝統を持っている。すなわち、政治的権威の伝統である。このような伝統は、現代に至ってはじめて、西洋の政治文明から幾度となく挑戦を受けて変容し、現代化し、また現代化しつつある。冷戦後の時代を迎え、専制と独裁が全般的に人々から唾棄される時代になると、これらの国々では一部の国家を除いて立憲民主制度を実施した。一九八〇年代末以降はこの地域でも、人民の参政権が確保される政治体制は不断に完備されつつある。人民の社会の構築も大きく発展しつつある。

少数民族の権益保障もますます重視されるようになっている。行政効率も高まりつつあるが、腐敗は依然として重大な問題である。メディアによる監督はまだ脆弱で、新聞の自由はいまだ実現されていない。

ガバナンスのメカニズムも、多元的な選択を提供している。人民の基本的権利は、憲法の正文中に規定されているだけでなく、実際上、さまざまな程度において保障されている。基本的権利に関する訴訟は、憲法裁判所によって受理され、あるいは行政裁判所によって救済が行なわれる。法治国家の基本的枠組みがこれらの国々において定立され、完備されつつある。法律が社会および政治関係の基本秩序を調整するものとして存在しているという理論と現実は、各国の人民の承認するところとなり、かつまた人民から受け入れられている。各審級の裁判所は、非政治性の犯罪事件については、独立して裁判を行なうことができるようになった。しかし、残された主要な問題があるとすれば、行政権力が大幅に拡張し、また党派による政治闘争についての憲法の監督メカニズムが、いまだ不健全であるということである。

(三) 東アジアの統合化を進めるにあたっての歴史契機

実際上、東アジアの統合化の推進を進めるにあたっては、プラスの要素もあれば、マイナスの要素も存在する。東アジアとヨーロッパとを比較すれば、次のようになる。すなわち、東ア

ジアには、

①政治と宗教との間に衝突の歴史がない。
②歴史上、協力という経験を持っていない。
③ドイツ神聖ローマ帝国の「崩解」と再統合を焦点とした政治的構成がない。
④現今の政治制度がまったく異なる（アジアの民主制問題）。
⑤多元的な推進メカニズムがない。
⑥意識形態が多種多様であるうえに、東アジアの学問的伝統がそれぞれ異なるため、統合化の具体的な試みについて、これを協議事項として取り上げるまでにはいたっていない。
⑦主要国家間で、統合化の推進に対する政治的願望が乏しい（政府と民間の両者とも）。
⑧戦後のヨーロッパ問題および東アジア問題は、東西冷戦の産物である。
⑨ヨーロッパ冷戦の局面や東アジアの緊張情勢は、いずれもかつてのソ連と米国の重要な国家利益の相違から派生したものである。
⑩ヨーロッパのドイツ問題を考慮するとき、朝鮮半島問題は統合の契機として考えられる。

ということができるだろう。

五　おわりに

筆者は、平和的な方式で平和を実現するという善なる願望だけで事足りるものとは考えていない。たとえ上述した条件が備わったとしても、東アジアに共同体が自動的に創建され、完成されるというものでもない。共同体という形で東アジアにおいて永続的な平和を実現しようと望むならば、なによりもまず「千里の旅もまず一歩から」でなければならない。東アジア統合化の目標と、その目標を実現するのに適切な手段を明確にしていかないと、いかなる統合化の願望も、ヨーロッパの歴史における「大連邦」のような状態に立ちいたり、単なる「書斎の中の革命」に終わってしまうであろう。

現に東アジアに存在する共同体は、次の四種類の形態にすぎない。すなわち、政府間の国際組織、自由貿易地域、超国家組織、そして世界政府である。

第一と第四の形態は、今は論外に置くことにする。

政府間の国際組織の形式は、いくつかの種類があり、これまでに熟成した運用モデルがいくつかある。これらの組織は統合化の程度が低く、東アジアの平和のプロセスのメカニズムとしても弱い。しかし、共同体の創設の出発点とはなり得るであろう。世界政府のモデルが東アジアにも適せず、現在の世界のいかなる地域にも適さないことは、言うまでもない。

自由貿易地域が、東アジア共同体の近い将来の目標となるべきであろう（いわゆる近い将来とは、約二〇年以内のことである）。そして、共同体の発展を深化させていく場合、超国家的なメカニズムをいかに増大させていくかが考慮されるべきであろう。

【註】

＊1　Lieber,Hans-Joachim(Hrsg.).*Politische Theorien von der Antike bis zur Gegenwart*,Bonn,Bundeszentrale für politische Bildung,1991,p.326.

＊2　Kant,Immanuel.*Zum ewigen Frieden:ein philosophischer Entwurf*, Hrsg.von Rudolf Malter,Stuttgart,Reclams Universal-Bibliothek Nr.1501,1991,pp.3-4.

＊3　ibid.,pp.78-81.

＊4　Lieber,Hans-Joachim(Hrsg.).op.cit.,pp.617-620.

＊5　ibid.,pp.486-489.

＊6　ibid.,pp.586-592.

＊7　Guizot,F.P.G.*The History of Civilization in Europe*,Trans.William Hazlitt,London,George Bell and Sons,1924,pp.147-160.

＊8　Oppermann,von Thomas.*Europarecht:ein Studienbuch*,2nd ed.Juristische Kurz-Lehrbücher,München,C.H.Beck,

1999,pp.5-6.

＊9 ibid.,pp.5-6.

＊10 『欧洲史』海口、海南出版社、二〇〇〇年、五二九—五三六頁。（Aldebert,J.;Delouche,F.*et al.*, *Histoire de l'Europe*,Paris,Hachette,1992.）

＊11 河宇鳳「朝鮮後期実学派の対外認識」（中国実学研究会編『東アジア実学と二一世紀』北京、一九九八年一〇月、四二頁。）

＊12 前掲書、四三—四四頁。

＊13 前掲書、四五—四七頁。

＊14 趙吉恵主編『国内外の学者から見る儒教』陝西人民教育出版社、一九九二年版、三四九—三五〇頁。

（翻訳・金瑩）

「地球化」と「東アジア化」、その限界と可能性

李　贊洙

一　時空間の圧縮と地球化

国家間の「共有の幅」が急速に拡大されつつある。「国際化」(internationalization)は、すでに過去の用語となり、「地球化」(globalization)もほとんど日常的な用語となってしまっている。個別国家(nations)の「間」/「境」(際、inter)で発生する出来事が頻繁になりつつある現象を反映した「国際化」に対して、「地球化」は、国家間の「共感帯」がますます拡張されていくにつれ、世界が狭くなり、直接的にせよ間接的にせよ、干渉や介入が国家「間」(inter)だけではなく、国家「内」(intra)においても経験できる現象を反映した用語である。

ハーヴィー(David Harvey)が述べているように、「時空間の圧縮」(time-space compression)が生じ、政治・経済の領域はもとよりのこと、宗教・文化・環境・科学技術の分野において国家間の共有の範囲が拡大し、ますますその範囲を拡張しようとしている。このような地球化の

過程は、自然発生的なものであり、かつ必然的なものである。過去においても現在においても、今日のような地球化の過程を経験しない時はなかった。それにもかかわらず、その過程の「濃度」という点では、過去の地球化と二一世紀以降の地球化には相違がある。その相違をよく区分し、現在における地球化の過程の内容および方向について正確に理解しなければならない。現在の地球化は、個別性が弱化し、世界的な一般性が強化される様相を帯びているのか、それとも世界的な一般性に劣らず、民族文化的な多様性が尊重される様相を帯びているのか、これを適切に見分けなければならないのである。

この点において適切な指針を提供しているのが、ウルリッヒ・ベック（Ulrichi Beck）の見解である。すなわち、彼は、多様性が認められている世界社会の特徴としての「地球性」（globality）と、主導的な国家イデオロギーが普遍化する危険を内包する「地球主義」（globalism）とを区分する。「地球化の現象」の中から、主導的な国家が中心となっている「地球主義」を明確に区別しなければならないのである。換言すれば、地球化は、他者の存在とその価値を認めるという共存の論理によって達成されなければならないのである。

二　地球地域化と宗教倫理

ロバートソン（Roland Robertson）が造語した「地球地域化」（glocalization ＝ globalization ＋

localization）という用語は、この種の状況を適切に説明している。「地球地域化」という用語は、今日、地球的一般性と地域的特殊性が世界のいたる所で、同時に顕著になりつつあるという現象を内容とするものであるが、他方において特定の強大国中心の潮流に流されずに、国家間の相互関係を重視しなければならないという意味も含んでいる。

勿論、各国の政治的・経済的な力学の構図を見ると、国家間の「関係」は、ある程度差別的であるということができる。確かに、「地球主義」によるこの種の差別は克服すべき対象であって、「差別的」関係から「共存的」または「互恵的」関係への転換がなされなければならない。地球的な一般性に対する各国ならびに各地域の対応の仕方や経験の度合いは多様であるのは当然であるにしても、これが不平等や力による抑圧として表出されるものであってはならない。それ故、国際社会の不平等を緩和し、地球的一般性を実現するための「地球倫理」（Global Ethics）が要請されるのである。東アジア共同体に関する論議も、このような倫理的責任、すなわち「東アジアの倫理」を実践する過程の中で行われるべきであろう。

三　東アジア共同体論と儒教文化

地球化を促す触媒となるものの一つが宗教である。キリスト教とかイスラームのような世界宗教は、それぞれの宗教共通の信と行の文化を媒介するネットワークとしての機能を営みつつ、前近代以前の時代、いや、すべての時代を通じて文化的地球化の最も強く、かつ最も重要な形態を形成してきた。そうでありながらも、他方において、これらの諸宗教は地域的な特性を顕在化させる礎としての役割を果たしてきた。地球が画一化されないようにするのも、各民族の文化的形式として顕現する宗教の力があればこそなのである。

東アジアには、長年にわたって蓄積されてきた儒教を基盤とする共感帯が存在している。特に、中国、韓国、日本には互いに共有できる儒教文化が多く存在する。勿論、儒教以外にも道教や仏教のように、中国で生起し、発展した宗教が東アジアの精神世界に少なからず影響を与えてきた。しかし、少なくとも東アジアにおいては、国によって差違はあるにしても、儒教の文化的影響力が最も強いのである。この儒教文化こそ、東アジア諸国の「東アジア化」(East Asianization)を促す見えない力になり得るものである。

勿論、東アジアにおいて儒教文化がどの程度共有されているのか、そしてまたそれが韓国、中国、日本などの国においてどのような意味を持っているのかという問題を子細に解明することは容易ではないが、儒教が東アジアの文化の核心としての地位を占めているということは否定できない事実である。したがって、宗教者が東アジア共同体の問題について議論しようとするとき、儒教という文化的形態を排除することはできない。

一九九〇年代初頭に、いわゆるアジア的価値をめぐる議論が活発に展開されたことがある。

特にシンガポール首相リー・クァンユー（Lee Kuan Yew）が儒教的価値に対して肯定的な評価を行なって以来、アジア的価値についての議論が白熱化するようになった。概して言えば、アジア的価値とは、「儒教文化に内在する強いリーダーシップ、倹約と節制意識、高い教育熱、家族的な人間関係、協力と勤勉など」を意味するものである。リー・クァンユーは、「勤勉と誠実に対する信頼、大家族の中における親孝行と忠誠、かつ何よりも学問および学ぶことに対して敬うことなど」が、西欧と区別される東アジア独特な文化的背景であり、これこそがこの地域における急速な経済発展を可能にしたものである、と分析したのである。

四　儒教文化の限界

勿論、儒教的価値が東アジアにおける経済発展の動因となったという肯定的な評価が、完全に正しいと断言することはできない。儒教文化が存在したがために、二〇世紀初頭において、東アジアの政治・経済が西欧に比べて衰退してしまったという分析も可能であろうし、また儒教文化は二〇世紀末に東アジアに迫ってきた金融危機の見えない原因となっていると言うことも可能であろう。儒教文化がアジア式民主主義の成立に役立つこともあり得るであろうが、儒教の過度な家族主義や血縁・縁故主義が普遍的民主主義の発展の障害物となり得るとの分析も可能であろう。それにもかかわらず、儒教的価値がアジア的価値の中心にあるというのは、疑うべくもない事実である。したがって、東アジア共同体についての論議を行なう際に、儒教的価値についての論議を排除することはできないのである。東アジア共同体のアイデンティティを確立し、それに対する倫理的責任や応答という問題を扱う際には、儒教文化についての分析は必要不可欠なのである。

東アジア共同体のアイデンティティについての論議に儒教を包含させるということは、一体、何を意味するのか。ハンス・ヨナス（Hans Jonas）の表現を借りて言えば、これは東アジア的連帯性を実現するための「責任の原理」（Das Prinzip Verantwortung）を充実させることであり、「経済的地球化」によって生み出された地域的疎外現象を調和と連帯へと逆転させ、儒教を基盤とする共感帯をさらに拡張させることを意味する。それは、いわゆる「倫理の東アジア化」の形成ということになろう。東アジア共同体の模索は、このような前提の上に立ってはじめて可能となるのである。東アジア共同体を創り上げていくためには、韓・中・日をはじめとする東アジア諸国の共存のための責任ある倫理が伴わねばならないのである。

五　過程的な構成物としての儒教

勿論、東アジア的倫理および東アジア共同体は、東アジア諸国の力のみによって成立され得るものではない。例えば、朝鮮半島をめぐる米国やロシアの介入は言うまでもなく、中国と日本も朝鮮半島に対し同じ立場に立っていない。最近、「天安艦事件」（韓国哨戒艇沈没事件）が発生してから、朝鮮半島をめぐり韓国・日本・米国と中国・北朝鮮が相互に対立する構図が形成されたのは不幸なことである。このような対立的構図が形成されていることは、東アジア共同体のアイデンティティを確立させ、かつ実際にそのような共同体を形成することが決して容易ではないことを物語っている。

このような点からすれば、韓国・中国・日本の三国が儒教文化を共有しているとしても、一つの「共同体」を容易に成立させ得るとは言えないであろう。これらの諸国は類似した精神的な世界を共有しているように見えても、国家権力の構造や他者を理解するさまざまな利害関係によって、その精神的な世界が具体化される様相は異なってくるからである。「儒教文化」というものは、実体論的かつ本質論的に与えられるというよりも、支配権力の影響を受けながら解釈され、かつ成立していく一つの過程としての産物とも見ることができるのである。「東アジア共同体」という用語それ自体は、アンダーソン（Benedict Anderson）の表現を借りれば、「想像された共同体」（Imagined community）にすぎないかもしれない。共同体についての論議それ自体は、個人または国家の利害関係によって恣意的に解釈され、かつ投影された意図の産物とも言い得るのである。「地球主義」（globalism）という発想が警戒されなければならないのと同じように、「東アジア主義」（East Asianism）も警戒の対象としなければならない。東アジア的意識を持つことは重要であるが、東アジア共同体に対するさまざまな美しい論議の背後に、どのような力が働いているかを見抜くことも必要なのである。

六　共同体からネットワークへ

種々様々な状況を念頭において考えてみれば、「東アジア共同体」ははたして形成され得るのか、これについてあらためて問いかけてみる必要がある。少なくとも人類の歴史上、政治的・経済的力学の関係の中で真の意味の巨大な共同体が成立したことはない。しかし、そうであるからといって、これを放棄するわけにはいかない。ただし、それを放棄せず、議論し続けようとするならば、例えば東アジアの場合は、宗教文化、特に儒教文化についての論議は必ず行なわなければならないが、しかし、その場合、単一の実体としての儒教文化ではなく、持続的に形成・維持されていく多様な儒教文化が尊重されなければならない。儒教文化を中心とした「単一の共同体」を指向するアプローチよりも、各国の多様な文化的形式からなる「ネットワーク」という概念を最大限、利用する必要がある。儒教に対する本質論的な理解に基づいた共同体論よりも、多様な文化的ネットワークについての論議を通じて東アジア諸国を結び合わせる環を見出すことが、より一層実現可能なものとなろう。単一の儒教文化を共有する文化的共同体としての東アジアが存在しているとは言えない。実際、多様に解釈され、実践される多様な文化がこの地域に存在するのである。それ故、これらを結び合わせる文化ネットワークについて議論を行なうことのほうが、より現実的な方途と言えるであろう。

勿論、いかなるネットワークであっても、そのネットワークの存在を可能にする根源的な力があればこそ、ネットワークとして成立するのである。東アジアの場合、その根源的な力は、儒教的な精神性ないし儒教的文化形式の中に見出すことができよう。儒教が家族主義や血縁中心的な集団主義に変貌してきたという事実は否定できないが、しかし、儒教の「家族愛」のような温もりは相手の存在を認めることを可能にするものとも言い得るであろう。資本や権力が共同体の基盤となり得たとしても、そのような共同体は絶えず離合集散を重ねてきたのである。この点からすれば、共同体に関する論理を展開させる場となり得るのは、「宗教」ということになる。

ところで、「東アジア」の場合、東アジア共同体の現実性や具体性が顕著になるのは、そこに住む人々の心の内面に同化されている儒教的精神性や生活慣習が外的な文化的形式の織り成すネットワークと結合したときにおいてである。勿論、それが実現するためには、儒教は、キリスト教や仏教のように、制度的宗教から分離された特別な宗教的集団ではなく、東アジアが共有する生活様式や文化を理解するというレベルで認識される必要がある。東アジア共同体論は、儒教という教団を発展させるためのプロジェクトではない。儒教は、多様な諸文化間のネットワークを可能にする共感帯というレベルで肯定され、受容されなければならない。共同体というのは、このような共感帯を拡張していく過程の中ではじめて成立し得るものであるからである。勿論、共同体について論ずると言いながら、それを自己の宗教とか自国の権力を拡張する手段として誤用するようなことがあってはならないことは言うまでもない。このような自己中心的な欲望こそ、常に警戒と監視の対象としておかねばならないものなのである。

このように文化ネットワークの次元に立って東アジア論を展開させていけば、東アジア共同体についての論議は偏狭な地域的利己主義に陥ることなく、地球化の流れに乗る普遍性を確保することが可能となろう。このようにして、東アジア共同体論は東アジアの地域性と地球的普遍性の出会いの場になるのである。

（翻訳・金永完）

朝鮮半島の平和と東アジア共同体

山本俊正

一　朝鮮半島の平和と日本の戦争責任

　今年、二〇一〇年は日本が韓国を「併合」して一〇〇年に当たる。また、朝鮮戦争から六〇年、光州事件から三〇年の節目の年でもある。一八七五年、江華島事件から朝鮮侵略を開始した日本は、日清・日露戦争を経て、一九一〇年に「韓国併合条約」で大韓帝国の植民地化を完成させた。日本の近代化の歴史は、朝鮮半島への介入と揆を一にして進められた。三六年間に及ぶ植民地支配は、一九四五年の日本の敗戦（朝鮮半島から見れば解放）とともに終結した。しかし、六五年後の今も、植民地支配の清算は済んでいない。現在も、ソウルの日本大使館前では、元日本軍「慰安婦」ハルモニたちによって、日本政府に謝罪と補償を求める「水曜デモ」が一九九二年の一月から毎週、水曜日に行なわれている。日本では、一九九〇年代の初頭、戦後責任問題がアジアの人々から再度提起された。冷戦構造が崩壊した九〇年代に入り、半世紀の沈黙を破り、戦争の被害者が日本の責任を問い始めたのである。九〇年代以降、二〇一〇年までに、八〇件を超える戦後補償関係の裁判が起こされている。過去に植民地帝国として異民族を支配し、侵略を行なった日本は、歴史的な責任と向き合わず、被害者の声を放置してきたためであった。しかし、別な角度から見るならば、この時、日本政府が戦後責任を果たすことに積極的に踏み出していれば、朝鮮半島や中国をはじめ、かつての被害者と信頼関係を修復することができたかもしれなかったのである。

哲学者の高橋哲哉は、人間には応答責任があると述べている。責任という言葉は、英語で【responsibility】（レスポンシビリティ）というが、この英語を分解すると、「応える」「応答する」という respond と、ability という「能力」を意味する二つの言葉から構成されていることがわかる。つまり、「責任」とは、ある呼びかけ、訴えに対して、応答する可能性、応答する能力を意味するということになる。高橋哲哉は、私たちが、いや国家も、歴史の中にあって、レスポンシビリティ＝応答責任の内に置かれていることを指摘しているのである。

被害者から次々に届けられたこれらの声に応答しようとする動きもあった。一九九五年六月、戦後五〇年の節目の時、社会党出身の村山富市首相と土井たか子衆議院議長のもと、日本の植民地支配と侵略の責任を明確にし、その反省と謝罪を表明する国会決議案が準備された。しかし、当時の最大与党であった自民党の反発があり、決議案の提出は見送られ、その代わりに村山首相の談話が発表された。この談話は、現在に至るまで各政権で踏襲されている。

敗戦後、私が所属する日本のプロテスタント教会においても「加害の責任」について議論がなされた。その結果、多くの教会やキリスト教団体により、戦争責任に関する声明文が出されている。声明には、キリスト教が戦争に加担した罪を神の前に告白し、悔い改め、神と隣人に対し赦しを乞うことが明記されている。私たちは、過去の「加害の記憶」と、歴史が私たちに教えたことを心に刻み、二度と同じ罪を犯さないことを決意し、新たな道を歩み出そうと努力を重ねている。

日本の主要なプロテスタント教会とYMCA（キリスト教青年会）・YWCA（キリスト教女子青年会）など三〇余りのキリスト教主義団体によって構成される日本キリスト教協議会（NCC）は、アジアにおける平和構築のための努力の一環として、南北朝鮮のキリスト者が出会う「東山荘プロセス」（一九八四年よりWCC（世界教会協議会）・CCA（アジア・キリスト教協議会）によって始められた朝鮮半島の平和と統一を進めるプロセス）に関与し、韓国民主化運動（七〇年代初頭～八七年）にも深く参与してきた。今後も、キリスト教会のみならず、多様な宗教、WCRP（世界宗教者平和会議）、NGO、市民団体と対話と連帯を継続し、アジアにおける和解と平和実現のために歩むことを決意している。

二　抑止理論の克服と東アジア共同体

戦後の平和理論のなかでもっとも国際政治の舞台で一般的に叫ばれたのが、抑止理論であった。抑止理論とは、軍拡という言葉で表現されるように、相手が軍備を増大させれば、それに対応して、こちらも対応させ、そのことによって相手をくい止め、押さえ込むという理論である。抑止論とは、軍備によって平和を実現するということであるから、基本的発想は、「相手国は基本的に悪である」ということを建前としている。相手を信じない、という性悪説ということになる。八〇年代のロナルド・レーガン大統領は「ソ連は悪魔の体制」、ジョージ・W・ブッシュ大統領はイラン・イラク・朝鮮民主主義人民共和国（北朝鮮）を「悪の枢軸国」と呼んだ。抑止論の前提は、敵に勝る力をもつことによって抑止が可能となるとするわけであるから、限りない軍拡競争となり、無限の悪循環をもたらすことになる。

抑止論の究極は、国単位の「核抑止論」となる。これに対して、一九八九年の「ベルリンの壁」崩壊以降、ヨーロッパではEC（欧州共同体）がEU（欧州連合）に拡大発展し、経済統合の実現、共通の外交、共通の安全保障政策が進められていることは、よく知られているところである。ヨーロッパでは、「国家の安全保障」から「共同体の安全保障」へと根本的な変化が起きている。具体的には、各国にある軍備の縮小、米軍基地の撤去、それに代わる地域協力の推進、共同体としての平和の枠組み作りが進められている。

冷戦の終わりとともに、アジアにおいてもＡＰＥＣ（アジア太平洋経済協力会議）やＡＳＥＡＮ（東南アジア諸国連合）、アジア地域フォーラム、また最近はＡＳＥＡＮプラス３（中国・韓国・日本）などが形成されている。しかし、これらの地域協力の枠組みは、経済協力を主な目的とした機構である。冷戦構造が依然として残っている東北アジア地域では、多国間の地域的な枠組みは、現在は機能していないが、北朝鮮をめぐっての六カ国協議を除いては存在していない。あるのは、米国との軍事を中心とした二国間同盟のみである。

安全保障の問題は、東北アジア地域の人々によって決定されるのではなく、アメリカの利益や戦略の問題として議論されている。アジア地域は、米国を中心軸とした二国間の軍事同盟ネットワークとなっている。朝鮮半島および中国と台湾における「両岸問題」に見られるように、東北アジアの地政学的緊張関係に照らし、対話と平和構築のための地域的な枠組みがますます必要とされてきている。

一九八〇年代に登場した「共通の安全保障」（Common Security）とは、安全保障が、自国中心の「対立と脅威」によるのではなく、相互に安全を獲得する（win-win）状況を目指している。また、九〇年代半ば国連開発計画（ＵＮＤＰ）から出された、人間（民衆）の安全保障論は、国家の安全保障のみならず、一人一人の人間の安全保障を中心にした考え方で、紛争への非暴力的な対応、貧困、飢餓、抑圧的な政治体制の転換を意味している。これらの概念は、宗教的な非暴力平和主義とも通底し、アジアにおいても世界においても、平和創造の対抗軸として抑止論を克服する有効な価値をもつ。

三　北朝鮮を含めた、不戦共同体としての東アジア共同体の可能性

戦後六五年が過ぎた今も、日本は朝鮮半島の半分、北朝鮮と国交が正常化されていない。「東アジア共同体」構想の「東アジア」とは、通常「東南アジア」と「東北アジア」を含む、より広範な地域を想定した概念であると理解されている。経済的な側面から考えるならば、「東アジア」は二〇億人を擁する人口規模と日本、韓国という先進経済国の存在、ＮＩＥＳ（新興工業経済地域）を主体として、それに躍進する中国が加わることにより、経済規模からすればＥＵに決して引けをとらない「共同体」構想と言える。しかし、「東アジア共同体」がＥＵのような安全保障を含めた平和の共同体を目指すならば、共同体構成国の間に、いくつもの歪《いびつ》な関係が存在し、政治的・歴史的基盤が脆弱であると言わねばならない。

特に東アジアの大国である日本・中国・韓国の間にはいまだに歴史認識の相違からくる溝が埋められていない。近年の歴史の中では、教科書問題や首相の靖国参拝などを契機として、その溝を「反日感情」として知らされることを、私たちは経験している。また、「東アジア共同

体」構想において、「東北アジア」の協力体制を論じる時には、通常、日・韓・中がその中心軸となる。日・韓・中を協力組織の柱とすることは、重要なことではあるが、北朝鮮の参入を除外すること、また後回しにすることにより、北朝鮮から見れば、自分たちを包囲する「共同体」構想と受け取られる危険性がある。

　国際政治学者の坂本義和は、「東アジア共同体」の建設に関連して、「不戦共同体」の構築を提案している。現在の核保有国のすべての国々は、北朝鮮も含め、攻撃のためではなく、戦争の「抑止」のためとして核の保有を正当化している。つまり、「核抑止」論である。この戦略は、当然の帰結として、核兵器の拡散を正当化することとなる。坂本は、このような状況に対して、勿論、「核」の保有にも反対するが、率先して反対し廃絶すべきものは、核兵器そのものであるよりは、先ず「戦争」であることを主張している。私たちが戦争を防止することができるならば、核兵器が使われる可能性がなくなり、それは兵器庫に保存されるだけということになるであろう。実際、イギリスは一六〇発、フランスは三〇〇発の核弾頭を保有しているが、ＥＵの中では、かつての敵国ドイツがこれを脅威と受け取るとは考えられていない。坂本は、同様に、私たちが北朝鮮との戦争の可能性を極小化し、ゼロにする努力をすること、そして、北朝鮮が、戦争の可能性はないと信じるような政治状況を国際的に作り出すことが重要であると指摘しているのである。

この半世紀、北朝鮮は、圧倒的に軍事的優位に立つ米国がその同盟国である韓国と日本に軍事基地を置き、「封じ込め」政策を行なってきたと主張している。北朝鮮は、この劣勢から脱却して、対北朝鮮攻撃の確率を減らす道として核武装をするに至ったのではないであろうか。北朝鮮の側での戦争の恐怖を和らげ、朝鮮半島での戦争の危険性を最小限に減らすためには、圧倒的に軍事的に優位な、強い米国や日・韓が緊張緩和のイニシャティブを率先してとることが必要だと思われる。

非対称的な対立関係においては、坂本が指摘するように、弱者は屈従するか、それとも狡猾で、不法な手段に訴えるか以外の選択肢はない。平和のイニシャティブは強者がとるべきであろう。「東アジア共同体」の構築の第一歩は、「不戦共同体」の形成であり、それなくして、「東アジア共同体」は絵に描いた餅に過ぎない。「東アジア共同体」の構築は、北朝鮮を包括して構想されるべきであるし、当然そのプロセスには、南北朝鮮の和解と統一、日本と北朝鮮の国交回復が射程に入ってくるべきだと考える。

朝鮮半島の平和と東アジア平和共同体の構築

李　相俊

一　朝鮮半島の平和

朝鮮半島の平和は、東アジア平和共同体の構築のための必要条件である。南北朝鮮の紛争関係が依然として未解決にある状況の下で、東アジア平和共同体を創り上げることはできない。「朝鮮半島の平和」という概念には、戦争の抑止という消極的維持から平和の創出および定着へという積極的・恒久的平和体制の構築にいたる一般的・段階的な戦略が包含される。

朝鮮半島における平和体制を樹立するためには、先ず第一に、南北朝鮮の首脳会談を含む高官レベルの会談が定期的に行なわれなければならない。第二に、米朝の間で、北朝鮮の核問題と大量殺傷武器の問題が解決され、米朝・日朝間に国交が樹立されなければならない。第三に、韓国、北朝鮮、米国および中国の合意に基づく平和協定が締結されなければならない。緊張と紛争が常に存在する停戦体制の下の南北朝鮮の関係は、このような諸段階を通じて恒久な平和状態へと転換されなければならない。

上述のような朝鮮半島における平和体制の成立のためには、中国と日本の役割も重要となる。中国は、北朝鮮の最も重要な同盟国として、北朝鮮の国際社会との対話に関与し、特に北朝鮮が南北朝鮮の交流と会談、米朝対話や平和協定の締結の場に登場するよう、北朝鮮に対し大きな影響力を行使し得る立場にある。朝鮮半島の平和と安定は、韓国だけではなく、中国にとっても必要である。中国は、北朝鮮の体制が突然崩壊すること、あるいはまた北朝鮮が極めて深刻な社会的混乱によって不安定になることを極度に警戒している。なぜなら、朝鮮半島に紛争が発生し、やむを得ずそれに介入せざる得ない事態が発生すれば、中国の現代化ないし先進国への夢の実現は大幅に遅延することになるからである。

日本も、北朝鮮との関係の正常化を通じて朝鮮半島における平和体制の構築に寄与することができる。日本が、日朝修交を通して植民地支配に対し謝罪や補償を行なえば、北朝鮮を国際社会、特に東アジア共同体のメンバーとしての活動の場に導き入れることが可能となり、そしてまた北朝鮮に対し経済再建のための資金を提供する機会を得ることも可能となろう。北朝鮮の経済が国際社会と一層緊密な関係を高めていけばいくほど、北朝鮮の閉鎖性は解消されていく反面、改革・開放の可能性は高くなり、その結果朝鮮半島の平和と東アジア平和共同体の実現の可能性も高くなるであろう。

朝鮮半島における平和協定によって解決できる最も大きな問題は、朝鮮半島における核問題である。米国と北朝鮮が修交し、南北朝鮮が平和協定を締結することによって米朝間の敵対関係が解消すれば、朝鮮半島の非核化は可能となる。朝鮮半島の非核化は、東アジア地域の平和と繁栄のための最も重要な前提条件として平和共同体の構築に大きく寄与するであろう。

米国のアトランティック・カウンシル作業部会（Atlantic Council Working Group）が二〇〇七年四月に発表した報告書『韓国および北東アジアにおける平和と安全保障の枠組み』（A Framework for Peace and Security in Korea and Northeast Asia）には、北朝鮮が核兵器を保有するにいたった理由として、北朝鮮を敵視する米国の軍事行動に対する懸念にあると記されている。二〇〇九年二月、デニス・ブレア（Dennis Blair）米国国家情報局長は、「北朝鮮当局は、おそらく核兵器を、戦争よりも戦争の抑止、国際的な地位、強制的な外交の手段として見ているであろう」、「体制に対する脅威がなければ、北朝鮮は核兵器を用いないであろう」と述べている。二〇一〇年一月、北朝鮮の外務省も、朝鮮半島の非核化こそ北朝鮮の一貫した政策的目標であると述べ、「平和協定が締結されれば米朝間の敵対関係は解消され、朝鮮半島の非核化は積極的かつ急速に推進されることになろう」と主張した。

二　東アジア平和共同体

韓・中・日三国の間には緊密な経済関係があるにもかかわらず、過去の歴史に対する認識の相違が紛争の要因となって、東アジア平和共同体の建設に大きな障害物となっている。

日本は、いまだに歴史教科書において過去の植民地支配やアジア諸国に対する侵略について正確に記述する努力を十分に行なっていないため、韓国と中国から信頼されていない。歴史教科書には、過去において日本が東アジアで犯した残虐行為について正確に記述されていないため、大部分の日本人は、隣国の国民が嘗めなければならなかった過去の辛酸による傷がどれだけ悲惨なものであったかを十分に認識していないのである。

中国は、東北プロジェクトを通して韓国の歴史を歪曲しているという批判を受けている。東北プロジェクトは、中国社会科学院直属の「東北辺疆史地研究センター」が行なった研究結果に基づいて展開されているが、高句麗をはじめ、古朝鮮と渤海などの韓国古代史を歪曲し、とりわけ高句麗の歴史を中国の歴史に編入するための論理的体系を作り上げた。かなりの程度に友好であった韓中関係も、東北プロジェクトによって悪化し、韓国国内ではそれまでの「反米―親中」の潮流が「親米―反中」に変わった時もある。

韓・中・日は、いずれも国粋主義に埋没することなく、世界史の大きな流れの中で東アジアの歴史を理解し、かつ共に「共生」の道を模索することによってはじめて東アジア平和共同体の構築は可能となろう。したがって、宗教者は東アジア史に対する正しい認識に努めるとともに、それを具体的に実践していかねばならない。

三　安重根の「東洋平和論」

東アジア平和共同体について論議する際、私たちに極めて有意義なモデルを提供しているのが、一九一〇年、安重根が主唱した「東洋平和論」である。彼の東洋平和論の真髄は、韓国・中国・日本が相互侵略をなさず、相互独立を堅持し、相互団結して、「西勢東漸」の西欧帝国主義を阻止する時にはじめて真の意味の東洋の平和が成就し得るとした点にある。安重根は、日本がアジアの侵略を合理化するために提唱した大東亜共栄圏の論理的な陥穽を見破って、これに対する代案を提起した。安重根が提示した韓・中・日三国間の協力の具体的な方策は、次のものであった。すなわち、韓・中・日三国の代表が参加する東洋平和会議の開催、三国共同銀行の設立と共通貨幣の発行、三国合同軍隊の編成、三国の共同経済発展などである。要するに、彼の東洋平和論は、東アジアという地域レベルにおける協力と共生の思想であり、東アジアにおける平和の原理であったと見ることができる。

明治大学の笹川紀勝教授は、安重根が語る「平和会議」は、国連の前身である国際連盟に先立つこと一〇年も前に提唱された思想であって、現在のヨーロッパ連合（ＥＵ）に相応する構想であると高く評価している。

四　東アジア平和共同体の構築のためのカトリック教会の実践例

　カトリック教会では、韓日の和解と一致のために、毎年、韓日主教交流会および韓日青年交流会を行なっている。韓日主教交流会は、一九九六年、両国が歴史に対する共通の認識を啓発し、それに基づいて相互理解を増進し、協力し合う教会となるために、「韓日教科書問題懇談会」という名称の会議を日本で初めて開催した。それ以来、毎年、韓国と日本で交代に会合を持ち、両国における司牧活動についての情報交換を行ない、さらにまた各界との交流の支援についても議論を行なっている。韓日主教交流会は、韓日両国の歴史に対する正しい理解と今後の協力関係について研究を行ない、二〇〇四年、「韓国と日本で共に読む、開かれた韓国の歴史」を発行した。韓国語で製作された本書は、日本語にも翻訳され、歴史科目のサブテキストとして韓日両国青少年の教育現場に配布された。

　また、韓日青年交流会は、一九九七年、フランスのルルドで最初に会合を持って以来、毎年、韓日両国の青年が日本と韓国で交代に集まり、相互理解を深め、両国の間に立ちはだかっている障壁を打ち破り、和解と一致のための努力を行なっている。韓日青年交流会の参加者は、学校では学ぶことのできない両国の近・現代史について知る機会と相互理解の機会を多く持った。日本の参加者の中には、過去において日本がアジアを侵略して犯した過ち、特に従軍慰安婦問題を学んだ時には、涙する者も数多くいた。
カトリック教会で実施している韓日定期交流は、韓日両国に限定されているので、私は、宗教平和国際事業団（IPCR）、またはアジア宗教者平和会議（ACRP）が東アジア平和共同体を構築する地盤を確固としたものとするための一環として、韓国、中国、日本、そして北朝鮮も含む青年平和キャンプを定期的に開催するように提案したい。東アジア平和共同体の構築のための政治的・経済的レベルでの論議は政府間で深めるべき問題である。宗教者平和会議は、宗教者が東アジア平和共同体の構築に寄与する具体的かつ効率的方法について議論を深め、その方策を追求すべきであろう。

（翻訳・金永完）

【組織および監修者紹介】

韓国宗教平和国際事業団

（The International Peace Corps of Religions：IPCR）

韓国宗教平和国際事業団（IPCR）は、世界宗教者平和会議（WCRP）の韓国委員会である韓国宗教人平和会議（KCRP）内にある、平和活動を行なうための法人。

世界宗教者平和会議日本委員会

（World Conference of Religions for Peace, Japanese Committee：WCRP Japan）

世界宗教者平和会議（WCRP、また Religions for Peace とも略称する）とは、1970 年に設立された宗教者による国際組織。国連経済社会理事会に属し、総合協議資格を有する非政府組織（NGO）である。その理念は、世界の宗教者が手を取り合い、世界の人々が民族・伝統・考え方・意見等々あらゆるものの違いを認め合い、尊重しながら、平和に生きていける社会を実現しようとするというものである。現在 WCRP には、国際委員会をニューヨークに、さらに約 80 カ国に国内委員会があり、宗教や宗派を超えて平和実現のために協力する世界的なネットワークが構築されている。

日本における国内委員会が「WCRP 日本委員会」（東京）である。同委員会は、1972 年に財団法人日本宗教連盟の国際問題委員会を母体として発足した。その具体的な活動は、国内のみならずアジア地域において、紛争地の難民支援・人権活動の支援・紛争和解の支援・紛争後の教育や開発の支援・自然災害時の緊急支援等々を行なっている。また、国連やユニセフなどの国際機関との協力体制づくりを進めるとともに、WCRP 国際委員会と連携しつつ独自の平和活動を展開して今日に至る。

眞田芳憲（さなだ・よしあき）

1937 年、新潟県生まれ。中央大学法学部法律学科卒業、同大学院法学研究科民事法専攻博士課程修了。中央大学法学部教授を経て現在、中央大学名誉教授ならびに中華人民共和国政法大学比較法研究所客員教授（終身）。専攻はローマ法、比較法学、イスラーム法、法倫理学。日本比較法研究所所長、法文化学会理事長、地域文化学会理事長等を歴任するとともに、立正佼成会評議員、庭野平和財団理事、世界宗教者平和会議（WCRP）日本委員会評議員ならびに同平和研究所所長、芳澍女学院情報国際専門学校校長等を務める。

主な著書に『法学入門』『イスラーム法の精神』（共に中央大学出版部）、アーユスの森新書『人は人を裁けるか』（佼成出版社）等があるほか、訳書や論文も多数ある。

李　泰永（韓国）
LEE Taeyoung（イ・テヨン）
国際歴史教科書研究所所長。東国大学校教授、韓世大学校教授および湖南大学校総長を歴任。

馬英林（中国）
MA Yinglin（マ・イン）
中国宗教者和平委員会（CCRP）副主席。中国天主教愛国会副主席。中国天主教団秘書長。

田中庸仁（日本）
TANAKA Tsunehito
宗教法人真生会会長。世界宗教者平和会議（WCRP）日本委員会青年部会第六代幹事長、同日本委員会開発環境委員会委員長。

妙藏（韓国）
Myojang（ミョジャン）
大韓仏教曹渓宗総務院社会部社会局長。経済正義実践仏教市民連合常任理事。蓮華寺住職。

崔　宰誠（韓国）
CHOI Jaesung（チェ・ゼソン）
大韓民国国会議員。大韓民国国会外交通商統一委員会議員。南北朝鮮経済文化協力財団理事。

曺　敏（韓国）
CHO Min（チョ・ミン）
統一研究院シニア研究委員。平和財団理事。平和リーダーシップ・アカデミー副院長。

李　道剛（中国）
LI Daogang（リ・タオカン）
山東大学法学院教授。中国国際法学会理事。中国法学会ＷＴＯ法研究会理事。

李　賛洙（韓国）
YI Chansu（イ・チャンスー）
江南大学校教授。宗教文化研究院院長。対話文化アカデミー研究委員。

山本俊正（日本）
YAMAMOTO Toshimasa
関西学院大学教授。米国ハワイ州およびカリフォルニア州のメソジスト教会牧師。日本キリスト教協議会（NCC）総幹事。

李　相俊（韓国）
LEE Sangjoon（イ・サンジュン）
韓国希望財団理事。ユネスコ青年ＮＧＯ委員会（パリ）常任理事。韓国カリタス海外援助審議小委員会委員。

ヴェセリン・ポポフスキー（ブルガリア）
Vesselin Ivanov POPOVSKI
国連大学シニア・アカデミック・プログラム・オフィサー。ブルガリア外務省国連担当官。在ロンドン・ブルガリア大使館一等書記官。

眞田芳憲（日本）
SANADA Yoshiaki
中央大学名誉教授。中国政法大学比較法研究所（北京）客員教授（終身）。世界宗教者平和会議（WCRP）日本委員会評議員、同日本委員会平和研究所所長。

衛　元琪（中国）
WEI Yuanqi（ウェイ・ウィアンチ）
中国宗教者和平委員会（CCRP）副秘書長。

元　惠榮（韓国）
WON Hyeyoung（ウォン・ヘヨン）
大韓民国国会議員。大韓民国国会予算決算特別委員会委員長。アジア・太平洋環境開発議員会議（APPCED）会長。

近藤昭一（日本）
KONDO Shoichi
環境副大臣。民主党日韓議員交流委員会事務局長。

犬塚直史（日本）
INUZUKA Tadashi
前参議院議員。ＮＰＯ法人「世界の医療団」（MDM）設立会員。

クリス・ライス（米国）
Chris RICE
デューク大学神学校「和解センター」コーディレクター。「和解のためのグローバルネットワーク・リーダーシップチーム」を主宰。

林　炯眞（韓国）
LIM Hyoungjin（イム・ヒョンジン）
天道教東学民族統一会事務総長。大韓民国統一部統一教育委員。高麗大学校政治外交学科兼任教授。

李　光熙（韓国）
LEE Kwanghee（イ・クァンヒー）
仁濟大学統一学部兼任教授。大韓民国統一部統一教育委員および慶尚南道教育委員を歴任。

井手弘人（日本）
IDE Hiroto
長崎大学准教授。忠南大学校社会科学大学社会学科客員（訪問）教授。

杉野恭一（日本）
SUGINO Kyoichi
世界宗教者平和会議（WCRP）国際委員会事務次長。

李　在永（韓国）
LEE Jaeyoung（イ・ジェヨン）
韓国アナバプテストセンター（KAC）平和プログラム・ディレクター。平和を創る女性の会・紛争解決センター（ソウル）研究員。東北アジア地域の平和教育・訓練機関（NARPI）ディレクター。

【執筆者紹介】（掲載順）

金　星坤（韓国）
KIM Sunggon（キム・ソンゴン）
アジア宗教者平和会議（ACRP）事務総長。大韓民国国会議員。前大韓民国国会国防委員長。

高　峰（中国）
GAO Feng（カオ・フォン）
中国宗教者和平委員会（CCRP）副主席。中国キリスト教教会会長。山東省キリスト教両会主席兼会長。

厳　海玉（中国）
YAN Haiyu（イァン・ハイウィ）
中国延辺大学法学院副教授。韓国高麗大学校法学研究院研究教授。中国朝鮮族婦女研究会理事。

呉　尚烈（韓国）
OH Sangyeol（オ・サンリョル）
大韓イエス教長老会（統合）総会社会奉仕部教会和平委員会委員。韓国宗教人平和会議（KCRP）宗教間対話委員。キリスト教平和センター所長。

金　忠環（韓国）
KIM Choongwhan（キム・チュンファン）
大韓民国国会議員。大韓民国国会外交通商統一委員会委員。ハンナラ党宗教対策特別委員会委員。

松井ケテイ（日本）
MATSUI Kathy
清泉女子大学教授。世界宗教者平和会議（WCRP）婦人部会役員。国際自由宗教婦人連盟（IALRW）会長。

杜　文堂（中国）
DU Wentang（トゥ・ウォンタン）
北京第二外国語学院・北京師範大学・河北師範大学兼任教授。丹陽書院院長。中国国際友好促進会理事。

金　容煥（韓国）
KIM Yonghwan（キム・ヨンファン）
忠北大学校倫理教育科教授。韓国倫理学会副会長。壇君学会副会長。

華　夏（中国）
HUA Xia（ファ・シャ）
中国政法大学比較法研究所副教授。中国政法大学東アジア法研究中心副主任。

山崎龍明（日本）
YAMAZAKI Tatsuaki
武蔵野大学教授。浄土真宗本願寺派法善寺住職。世界宗教者平和会議（WCRP）日本委員会評議員、同日本委員会平和研究所副所長。

金　承国（韓国）
KIM Seunggook（キム・スングック）
明治大学客員研究員。ハンギョレ新聞記者。月刊「マル」（言葉）編集局長。ユネスコ・アジア太平洋国際理解教育センター（APCEIU）シニア研究員。

伊藤成彦（日本）
ITO Narihiko
中央大学名誉教授。日本国憲法擁護運動代表。「韓国強制併合 100 年」日韓市民共同宣言日本委員会共同代表。

東アジア平和共同体の構築と
国際社会の役割
――「IPCR 国際セミナー」からの提言

2011 年 9 月 30 日　初版第 1 刷発行

著　　者　韓国社会法人宗教平和国際事業団
　　　　　財団法人世界宗教者平和会議日本委員会
監 修 者　眞田芳憲
編集責任　中央学術研究所
発 行 者　岡部守恭
発 行 所　株式会社佼成出版社
　　　　　〒 166-8535　東京都杉並区和田 2-7-1
　　　　　電話 (03) 5385-2317 (編集)
　　　　　　　 (03) 5385-2323 (販売)
　　　　　http://www.kosei-shuppan.co.jp/
印 刷 所　錦明印刷株式会社
製 本 所　錦明印刷株式会社

ISBN978-4-333-02507-7　C0236

「アーユスの森新書」の刊行にあたって

アーユスとはサンスクリット語で「いのち」「生命」などを意味する言葉です。「アーユスの森」という言葉には、大自然の森に生かされて生きている人間の原風景があります。いのち溢れる土壌のもとに、森の多種多様な生き物の「いのちの呼応」が、豊かないのちの森の絨毯を織りなしています。

「アーユスの森新書」では、あらゆるものの中に潜むいのちを見つめ、私たち「生きとし生けるもの」がどのように自分のいのちを燃やしていけばよいのか、を問いかけていきます。そのために身近な出来事を含め生老病死の問題とどう向き合って生きていくか、という個人の生き方から、現代世界、現代社会が直面しているグローバルな諸問題まで、仏教学者や宗教学者など専門家だけではなく「いのちの森に共に生きる」さまざまな立場から取り上げます。

読者も専門家も「いのち」の大切さや不思議さを共に感じ、考え、生きていることを味わえる場にしていきたい。そして、青少年・学生・一般読者の皆様と共に生きる「アーユスの森新書」でありたいと願っています。

中央学術研究所は、これからも各専門分野の研究に取り組むだけではなく、その成果を少しでも多くの方と分かち合うことにより、よりよき社会・世界の平和へと微力ながら尽くして参ります。

中央学術研究所

（二〇一〇年五月改訂）